대한민국에서
부동산으로
큰부자 되는
비밀

대한민국에서 부동산으로 큰부자 되는 비밀

1판 1쇄 인쇄 2019년 6월 10일
1판 1쇄 발행 2019년 6월 20일

지은이 박정수
펴낸이 박현
펴낸곳 트러스트북스

등록번호 제2014-000225호
등록일자 2013년 12월 3일

주소 서울시 마포구 성미산로2길 33 성광빌딩 202호
전화 (02) 322-3409
팩스 (02) 6933-6505
이메일 trustbooks@naver.com

값 16,000원
ISBN 979-11-87993-61-2 03320

믿고 보는 책, 트러스트북스는 독자 여러분의 의견을 소중히 여기며,
출판에 뜻이 있는 분들의 원고를 기다리고 있습니다.

대한민국에서 부동산으로 큰부자 되는 비밀

박정수 지음

저자와의 인터뷰

갭투자, 역전세, 정부규제
그리고 앞으로의 투자에 대하여

Q. 정부가 규제를 이렇게 심하게 하는데 부동산 투자를 계속하는 게 맞나요?

A. 지금 부동산에 투자하고 있는 분들에게 굉장히 중요한 질문입니다. 당신이 부자가 되고자 하는 열정이 별로 없다면, 혹은 그냥 지금처럼 편하게 샐러리맨으로 살고 싶다면, 삶에 있어 경제적 시간적 선택적 자유를 얻고 싶은 마음이 크지 않다면, 부동산 투자를 하지 않아도 상관없습니다. 부동산 투자를 하다 보면 이렇게 정부의 규제가 나타날 때마다 거기에 따른 스트레스를 받을 수밖에 없기 때문입니다.

하지만 정말로 자본주의 사회에서 성공을 이루고 싶다면 부동산 투자는 필수불가결한 선택일 수밖에 없습니다.

우리나라에서 부를 크게 이룬 사람들 중에서 부동산에 투자하지 않은 사람이 얼마나 있을 거 같나요? 아마 거의 없을 것입니다. 부동산 투자를 지독히도 싫어하는 문재인 정부에서조차도 고위 공무원들 중에 다주택자들이 많다는 뉴스를 접했을 것입니다.

아무리 정부의 규제가 심하다 해도, 당신은 주택임대사업자로 등록해서 당당히 투자하면 됩니다. 그렇게 되면 별 스트레스 없이 투자할 수 있을 것입니다.

서울의 수십 억 하는 고가의 아파트를 구입하는 것도 아니요, 수도권에서 쉽게 구입할 수 있는 아파트를 전세를 끼고 사서 세입자에게 주택을 공급하는 역할을 하는 게 얼마나 좋은 일입니까?

Q. 정부는 주택임대사업자들에게 주었던 혜택을 줄이는 정책을 폅니다. 임대사업자들은 어떻게 해야 하나요?

A. 주택임대사업자는 궁극적으로 정부가 해야 할 주택보급의 의무를 대신해주는 사람입니다. 정부가 아파트를 지어 서민들에게 제공하기 위해서는 막대한 세금 지출이 필요하죠. 하지만 이런 주택임대사업자들이 주택을 공급하게 되면 막대한 세금 지출을 막을 수 있고 양질의 주택이 서민들에게 제공되어 정부로서는 주택임대사업자가 고마울 수밖에 없는 구조입니다. 따라서 정부는 이런 주택임대사업자에게 세금 혜택을 제공하죠.

그러나 요즘 정부는 주택임대사업자를 적폐세력인양 취급하면서 혜택을 줄이려는 모습도 보이고 있습니다. 특히 주택임대사업자들에게 피해를 주는 제도가 있습니다. 대표적으로 2년마다 전세 재계약을 하는데, 이때 적용되는 '전보증금의 5% 인상제한제도'죠.

하지만 이 5% 인상제한제도도 주택임대사업자 의무기간 8년 동안만 적용을 받게 되고, 제가 '역전세해결방안'을 연구하면서 알게 된 것 중의 하나는 이 5% 인상제한도 머리를 잘 쓰게 되면 해결이 가능하다는 것입니다. 즉 5% 제한제도를 지키면서도 그보다 더 높은 수익이 가능한 방법이 있다는 것이죠.

주택임대사업자에게 주어지는 혜택은 절대로 작지 않고, 또한 정부가 무자비하게 그 혜택을 줄일 수도 없을 것입니다.

Q. 주택임대사업자가 좋나요? 임대법인이 좋나요?

A. 아파트에 투자하는 사람이라면 무조건 주택임대사업자로 등록해서 당당하게 투자하고 있다고 정부에 주장해야 한다고 생각합니다. 임대법인을 만들어서 투자해야 한다고 말하는 사람도 있습니다. 하지만 이 방법은 추후에 아파트 매매가 수월할 수도 있다는 장점이 있는 반면, 세입자를 구하는 데 있어서 임대법인은 개인보다 수월하지 않고, 임대법인이 소유한 아파트는 세입자가 보증보험에 가입할 수 없다는 단점이 있습니다.

또한 주택임대사업자는 의무기간 동안 팔 수 없는 단점이 있고, 임대법인은 아무 때나 팔 수 있다는 장점이 있어 지금처럼 역전세가 발생할 경우 임대법인이 더 좋아보일 수는 있습니다. 하지만 주택임대사업자도 '역전세해결방안'을 알고 이를 활용하면 이런 문제도 사라집니다.

그리고 임대법인은 아파트의 경우 전세 상승분이나 매월 받는 월세 등을 개인이 맘대로 쓸 수 없지만, 주택임대사업자는 아무런 제약 없이 맘껏 쓸 수 있습니다.

제가 부동산 투자를 하는 이유 중 하나는 아파트를 소유하면서 얻게 되는 수익을 내 맘대로 쓰고 싶기 때문입니다. 그런데 그 수익을 내 맘대로 쓸 수 없다면 투자하는 의미가 퇴색되지 않겠습니까?

또한 저는 본문에 부자가 되는 특급 노하우로 '오랜 시간 동안 팔지 않고 기다리는 것'이라고 밝혔습니다. 임대법인은 판매 목적이 강하고 주택임대사업자는 오랜 시간 보유해야 하는 의무가 있기 때문에 단기간에 팔지 못합니다. 과연 어떤 방법이 부자가 되는 지름길일까요? 느린 것처럼 느껴질 뿐 사실은 팔지 않고 보유하는 방법이 지름길입니다.

주택임대사업자를 선택할 것이냐, 임대법인을 선택할 것이냐는 개인의 선택 문제입니다. 하지만 저는 주택임대사업자를 선택할 것입니다.

Q. 정부는 2020년에 500조가 넘는 예산을 예고했습니다. 우리에게 어떤 영향이 있을까요?

A. 저는 경제학자도 애널리스트도 아닙니다. 그저 부동산 투자자이자 사업가입니다. 투자자 혹은 사업가의 입장에서 아주 단순하게 바라보는 바를 밝히고자 합니다.

2019년 3월 26일자 한국경제신문에는 2019년도 예산이 469조 5751억 여원(총지출 기준)으로 전년보다 40조 7752억 원(약 9.5%) 증가한다는 기사가 실렸습니다. 2020년 정부 예산은 500조를 넘을 것이라는 내용이었죠. 2018년보다 무려 약 100조에 가까운 예산이 증가한 것입니다. 정말 어마어마한 수치입니다. 이것이 무엇을 의미할까요? 경제를 살리기 위해 총력을 다하겠다는 뜻입니다. 실제로 지금 문재인 정부는 경제를 살리겠다는 의지가 매우 강할 것입니다. 촛불혁명의 결과로 문재인 정부가 출범한 이후 경제상황은 극도로 침체되어 왔습니다. 경제상황만 본다면 국민들은 이전 박근혜 정부 때보다도 더 안 좋아졌다고 피부로 느끼고 있습니다. 대통령의 지지율이 크게 하락한 이유도 경제상황 탓이 큽니다. 대부분의 국민들이 현 경기상황이 정말 최악이라고들 말합니다. 뉴스에서도 그렇고 신문 기사에서도 이런 상황을 끊임없이 보도하고 있습니다. 이런 상황을 면밀히 모니터링하고 있는 정부도 가만히 있기 힘들 것입니다. 게다가 2020년에는 총선이 있습니다. 경제가 개선되는 모습을 보여주지 못한다면 예상치 못한 패배를 당할 수도 있습니다. 이 사실을 정부나 민주당이 모를 리가 없죠. 그런데 정부가 경제 상황을 개선하려는 데 있어서 가장 큰 걸림돌은 바로 현재 시행하고 있는 정부의 강력한 부동산 규제정책입니다. 이 정책으로 인해 부동산 시장이 침체에 빠졌으니까요.

부동산 규제를 풀지 않고서 경제를 살릴 수 있는 묘수가 있을까요? 정부도 진퇴양난일 것입니다. 경제는 살려야겠고, 그렇다고 부동산 가격이 오르는 것은 막고 싶고.

정부는 이 두 길 사이에서 딜레마에 빠질 수밖에 없습니다. 국가경제를 활성화시키는 데 있어 부동산 거래시장 활성화처럼 좋은 방법이 없습니다. 정부도 잘 알고 있는 사실이죠. 그러니 딜레마에 빠질 수밖에요.

앞서 2020년 정부예산이 500조라고 했죠. 이처럼 막대한 세금을 마련하는 데 부동산시장 활성화 없이 가능하리라고 저는 생각하지 않습니다. 정부가 거둬들이는 세금 중 개인의 부동산 거래가 차지하는 비중은 상당합니다.

그런데 지금 전국적으로 부동산 거래가 완전히 끊긴 상태에서 어떻게 세금을 500조 원이나 걷겠다는 건지 잘 이해되지 않습니다. 세금이 갑자기 하늘에서 뚝 떨어지는 것도 아닌데 말이죠. 세원을 마련할 근거가 반드시 필요합니다.

지방정부는 부동산 시장에 매매거래가 없어지면서 취득세가 감소하고, 세금을 걷지 못해 문제라고 말합니다. 중앙정부 또한 양도세로 인한 세금이 걷히지 않아 이 또한 문제라고 합니다.

부동산 거래 절벽으로 인해 세금이 확보되지 않는다면 정부는 어쩔 수 없이 국채를 발행해서 돈을 빌려와야 할 터인데, 그 또한 말처럼 쉬운 일이 아닙니다.

또한 경제를 살리려면 시중에 돈이 마구마구 돌아야 합니다. 정부가 500조 원의 세금을 가지고 국가살림을 한다는 말은 곧 시중에 500조 원을 풀겠다는 말이고, 그 500조 원은 시중에서 돌고돌고 또 돌아 그 500조 원보다 수 배에서 수십 배 이상의 돈이 돌아다니게 하는 역할을 합니다.

게다가 시중에 돈이 돌게 하는 가장 좋은 수단은, 은행을 통해 부동산 관련 대출을 많이 해주는 것입니다. 대출된 금액은 개인이나 기업에게 지급되고, 그 지급된 금액은 시중에 돌고돌면서 그 대출된 금액보다 수백 배 수천 배의 승수효과를 발생시켜 경기를 살리는 중요한 역할을 하게 됩니다.

그렇다면 정부는 지금 시행하고 있는 부동산 대출규제를 계속할 수 있을까요? 이렇게 경기가 좋지 않고 계속 추락하고 있는데, 민심이 이렇게 떠나고 있다는 사실을 뻔히 알면서도 부동산 규제정책을 계속 유지하고, 부동산 대출을 계속 막으면서 견딜 수 있을까요?

대한민국 국민이 절실하게 바라는 한 가지는 무엇일까요? 남과 북의 통일입니까, 아니면 먹고 사는 문제입니까? 내가 먼저 먹고살 여유가 생겨야 통일도 피부에 와닿는 것입니다. 직장에서 잘리고, 하는 사업이 폐업을 하는 마당에 남북통일이 귀에 들어올 리 없습니다.

단 우리가 여기서 알아두어야 할 한 가지가 있습니다. 이렇게 어마어마하게 많은 금액을 시중에 풀어서 경기를 살리겠다고 정부가 선포했다는 사실은 결국 물가가 많이 오를 것이라는 의미와 연결됩니다.

시중에 이렇게 많은 돈이 풀리게 되면 물가는 당연히 크게 오를 수밖에 없습니다. 물가를 올리는 것은 정부이고, 물가가 오르는 것은 신(神)도 막을 수 없습니다. 당신의 월급은 절대로 물가 상승을 따라갈 수 없습니다. 따라서 경제를 살리겠다는 정부의 의지가 반드시 당신에게 마냥 좋을 수만은 없다는 점도 알아야 합니다.

Q. 정부의 부동산 규제가 언제까지 갈까요?

A. 제가 뭐라고 미래를 정확히 예측할 수 있겠습니까? 하지만 상식적으로 생각해 봅시다. 앞서 언급했지만 정부는 지금의 이 쓰러져가는 경제를 살리기 위해서 죽을힘을 다할 것이고, 그 방편으로 오랜 시간이 지나지 않아 지금의 이 막강한 부동산 규제를 풀 것이라 생각합니다. 부동산 대출 규제도 조만간 어느 정도 풀릴 것이라 예상합니다.

1992년 미국 대통령 선거에서 빌 클린턴 후보가 내건 구호는 "문제는 경제야! 바보야"였습니다. 이 구호는 미국 국민들의 마음을 크게 흔들었고, 결국 경쟁자인 부시 대통령을 이긴 방아쇠가 되었습니다. 지금 우리를 봅시다. 애나 어른이나 청년이나 너나 할 것 없이 뭐니 뭐니 해도 경제가 우선이라고 말합니다. 하긴 경제가 나쁘면 공장이 문을 닫고 실업자가 늘어날 테니 정부로서도 여간 긴장되는 상황이 아닐 수 없습니다. 그야말로 촉각을 곤두세우고 있겠죠. 자본주의 사회에서 제일 중요한 문제는 경제 즉 먹고사는 문제입니다. 다른 문제들은 모두 다음 순위로 밀릴 수밖에 없습니다.

그래서 저는 지금 정부가 주도하는 부동산 규제 정책은 결코 오래 갈 수 없다고 조심스럽게 예상합니다.

Q. 소유한 아파트가 300여 채이신데, 어떻게 그 많은 부동산을 관리하고 계십니까?

A. 제가 소유한 아파트가 300여 채이고, PJS컨설팅이 임대 관리하는 아파트는 총 3,000채 정도입니다.

저는 부동산 임대관리 기업을 만들고 싶은 욕망이 강했기에 일본까지 가서 부동산 임대관리 회사에 방문해 노하우를 배웠습니다. 그 이후 'PJS컨설팅'이라는 임대관리회사를 설립했고, 동시에 중개를 전문으로 하는 '쇼하우스중개법인', 그리고 인테리어 사업을 전담하는 '쇼하우스인테리어', 이렇게 총 3개의 회사를 운영하고 있습니다.

PJS컨설팅은 회원제로 운영 중이며, 회원분들이 부동산 임대사업을 하면서 발생하는 애로사항이나 전세 재계약 등을 전담해서 처리해 드리고 있습니다.

쇼하우스중개법인은 회원분들의 아파트를 전담으로 중개서비스를 해드리고 있고, 세입자분들이 살면서 불편해 하거나 수리해야 할 민원 그리고 모든 인테리어 관련 업무는 바로 쇼하우스인테리어에서 처리하고 있습니다.

하지만 일반 개인들은 이렇게 전문적으로 임대 관리하는 게 쉽지 않습니다.

그렇다면 어떻게 해야 할까요?

먼저 어느 지역의 아파트에 투자를 했다면 전속 중개사무소를 하나 발굴해야 합니다. 정말로 믿을 만한 중개사무소를 전속으로 삼고 그 중개사무소를 통해서 모든 일을 처리해야 합니다.

또한 세입자의 요구사항을 항상 가족처럼 생각하면서 도와주어야 합니다. 대부분의 집주인들은 돈이 든다는 이유로 세입자의 요구사항을 무시하는데, 절대 그래서는 안 됩니다. 세입자도 큰돈을 집주인에게 맡기고 그 집에 들어온 것이 아닙니까? 그렇다면 집주인으로서 세입자에게 고마운 마음을 가져야 합니다. 그리고 세입자의 요구사항에 적극적으로 응해줘야 합니다.

또한 전속 공인중개사에게도 주기적으로 선물도 보내고, 항상 존중해주어야 합니다. 공인중개사를 함부로 대하는 집주인들이 많은데 이는 제살을 깎아먹는 행위입니다. 공인중개사가 도와줄 수 있는 일들이 얼마나 많은지 알아야 합니다. 따라서 공인중개사에게도 성심성의를 다해야 합니다.

Q. 역전세 지역은 어떻게 관리해야 하나요?

A. 현재 제가 투자한 거의 모든 지역에서 역전세가 발생했습니다. 그 막대한

역전세를 제가 발견한 '역전세 해결방안'으로 해결하고 있습니다. 앞에서도 기술했지만 6~7개에 달하는 저의 '역전세 해결방안'은 세입자에게도 큰 혜택을 드리고, 제 스스로에게도 큰 도움이 되는 방법입니다.

오히려 이 '역전세 해결방안'으로 인해 더 위대한 부동산 투자법을 알게 되었고, 세상에 이런 기적적인 투자 방법이 있다는 사실에 저 자신도 깜짝 놀랐습니다. 뜻이 있는 곳에 길이 있다는 말도 실감했습니다.

과거 부동산 투자에는 '발품'이 중요했습니다. 발품을 부지런히 파는 사람이 성공확률도 높았죠. 하지만 지금은 발품보다 정보가 훨씬 더 중요합니다. 만약 제가 예전의 투자방식만 고집했다면 지금의 역전세 대란으로 크게 힘들었을 것이고, 어마어마한 손실을 봤을 것이며, 수많은 아파트 세입자들에게 피해를 줬을 것입니다. 하지만 바로 '역전세 해결방안'과 같은 매우 중요한 정보를 알고 활용함으로써 수십, 수백억 원의 피해를 막을 수 있었던 것입니다.

이제 세상이 변했습니다. "어느 지역의 아파트가 좋더라"가 아니라 투자에 있어 아주 중요한 정보를 획득하고 그것을 활용할 수 있는 능력이 가장 필요한 시기가 되었습니다.

또한 모든 문제는 사람을 만나 해결하는 것이 최고입니다. 힘들어 하는 세입자를 직접 만나서 해결책을 제시하거나 서로 머리를 맞대고 해결책을 찾아야 합니다. 그리고 세입자를 만날 때는 최소한 내가 할 수 있는 최선의 방법들을 미리 정리해 두어야 합니다. 지피지기면 백전백승이라는 말이 있습니다. 역전세를 해결할 수 있는 여러 가지 무기를 갖추고, 세입자를 만나 정중한 자세로 대화를 나누다보면 해결책이 왜 없겠습니까?

Q. 임차인이 아파트를 훼손한 경우 어떻게 대처해야 하나요?

A. 임차인들이 아파트를 사용하면서 내부를 훼손하는 경우가 종종 발생합니다. 이 경우 집주인과 세입자 간에 갈등이 생겨 서로 다투는 일이 발생하기도 합니다.

이런 문제들에 대비하기 위해서는 먼저 임차인이 아파트에 입주할 때 미리 전속공인중개사를 통해 아파트 내부를 사진을 찍어 놓는 게 좋습니다.

그리고 만기가 되어 세입자가 집을 비울 때 전속중개사를 통해 집 내부를 확인하고 혹시 훼손된 곳이 있다면 예전 사진과 비교해서 세입자에게 이 점을 인지시킨 뒤, 그에 대한 복구비용을 청구해야 합니다.

Q. 특별한 인테리어 노하우가 있나요?

A. 아주 간단합니다. 무조건 최고로 하면 됩니다. 또한 아파트 내부 확장은 필수라고 할 수 있습니다. 아파트 내부를 확장하지 않으면 생활하기 불편하기 때문에 요즘은 세입자들도 확장한 아파트만 찾는 경우가 많습니다.

화장실과 싱크대 교체도 필수입니다. 주부 입장에서는 매일 자주 사용하는 화장실과 싱크대에 민감할 수밖에 없죠. 싱크대도 상판은 대리석이 좋습니다. 돈 좀 아껴보려고 저렴한 것들로 수리하면 절대 안 됩니다.

이처럼 최고 수준의 인테리어로 확장하고 나면 새로운 세입자를 구하기도 쉬워지며, 전세금도 보통 시세보다 훨씬 높게 받을 수 있습니다.

혹시 인테리어 업체를 잘 모를 때에는 전속부동산중개사무소에서 소개를 받아 공사하면 됩니다.

Q. 박정수 대표만의 아파트 매도 노하우가 있을까요?

A. 저는 아파트를 바라보는 시각이 남들과는 조금 다릅니다. 아파트를 팔아서 수익을 내는 대상으로 보지 않습니다. 덕분에 지금까지 아파트를 팔아본 경우가 거의 없고, 매도 노하우라는 것도 별로 많지 않습니다. 그런데도 조언을 드리자면, 제 경험으로 볼 때 아파트를 좋은 가격에 팔고 싶다면 내부 인테리어를 아주 잘해놓아야 합니다. 내부 인테리어를 잘해놓은 아파트는 세입자를 구하기도 쉽지만 팔기도 수월합니다.

아무리 좋은 입지에 위치한 아파트라 하더라도 인테리어가 잘 되어 있지 않다면 팔기란 쉽지 않습니다. 반면 인테리어만 잘해놓아도 수많은 사람들이 그 아파트를 구입하려고 줄을 설 것입니다.

인테리어보다 더 중요한 한 가지가 또 있습니다. 그건 바로 매도하고자 하는 아파트 주변의 유능한 공인중개사와 아주 친밀한 관계를 맺어야 한다는 점입니다. 아파트 단지 주변에는 수많은 공인중개사들이 일하고 있죠. 그들도 각 개인의 능력에 큰 차이가 있습니다. 똑같은 중개 일을 하는데도 어떤 공인중개사는 탁월한 실적을 내지만, 한 달 쓸 돈도 제대로 못 버는 공인중개사들도 허다합니다. 반드시 유능한 공인중개사를 만나야 합니다. 그런 공인중개사와 친밀한 관계를 맺으면 나중에 아파트를 팔거나 다른 문제가 있을 때 집주인의 요구 사항에 맞게 적극적으로 일을 처리해 줍니다.

즉 아무리 아파트가 좋고 인테리어가 훌륭해도 결국 가장 중요한 것은 사람입니다.

Q. 정부가 공약대로 임대주택을 많이 지을 수 있을까요?

A. 정부가 가장 자주 하는 거짓말 중 하나가 바로 임대주택을 많이 짓겠다는 말입니다. 지금까지 정부에서 공약한 '몇 만 호의 임대주택을 건설하겠다'는 약속은 제대로 지켜진 적이 없습니다.

임대주택을 지으려면 막대한 세금을 쏟아 부어야 합니다. 그런데 정부가 그 막대한 세금을 임대주택을 짓는 데 사용하기에는 무리가 있습니다. 임대주택을 그렇게 많이 지을 만큼 정부의 재원 자체가 크지 않기 때문이죠.

특히 서울에 임대주택을 많이 짓겠다는 정부의 공약은 말이 되지 않습니다. 서울 땅값이 얼마나 비싼데 거기에 수익도 거의 발생하지 않는 임대주택을 짓는단 말입니까? 수도권도 크게 다르지 않은 상황입니다.

예전 정부는 지방의 외진 곳이나 외곽지역에 임대주택을 지었습니다. 땅값이 워낙 쌌기 때문에 가능했던 일입니다. 따라서 정부의 공약처럼 서울과 수도권에 임대주택을 많이 짓겠다는 말은 결국 지켜지지 않을 말장난에 불과하다고 생각하는 것이 맞습니다.

대신 시간이 갈수록 임대사업자에게 저리의 대출을 지원한다던가, 세제혜택을 더 제공해서 일반 서민들에게 주택 공급 역할을 맡길 것입니다.

참고로 정부가 부동산뿐만 아니라 경제 전반에 대해서 발표하는 '미래에 어떻게 될 것이다'라는 식의 청사진은 믿지 않는 게 좋다고 저는 생각합니다. 정부의 의지와는 상관없이 정부가 내놓은 청사진치고 맞아 떨어지는 경우가 별로 없기 때문입니다.

Q. 좋은 직장을 다니면 부자가 될 확률도 높아질까요?

A. 좋은 대학에 입학한 사람이라면 최소한 고등학교 때까지는 공부를 정말 잘했을 것이고, 대부분은 그보다 오랜 기간 많은 시간을 들여 공부에 매진했을 것입니다. 어린 시절부터 대학 하나 바라보고 열심히 달려온 사람들도 많죠. 그렇게 좋은 대학을 나와 대기업 또는 공무원, 공기업 같은 좋은 직장을 갖는 게 어디 쉬운 일이겠습니까?

그런데 역설적이게도 저는 좋은 대학을 나와 좋은 직장에 다니는 사람들은 부자가 되기가 매우 어렵다고 생각합니다. 열심히 공부해서 성공의 발판을 마련했는데, 왜 부자가 되기는 더 어려울까요?

제 생각은 이렇습니다. 대학생활 동안 학점이 좋지 않으면 좋은 직장에 입사하기 어렵기 때문에, 요즘은 대학에 들어가기만 하면 1학년 1학기부터 학점 관리에 만전을 기합니다. 학점 관리는 4년 내내 이어지죠. 게다가 스펙을 쌓아야 하므로 토익점수도 올려야 하고, 어학연수도 다녀와야 합니다.

이렇게 노력한 끝에 대기업 입사에 성공했다고 합시다. 그러면 끝일까요? 당연히 아닙니다. 사생활을 포기하면서까지 회사 일에 매진해야 합니다. 때로는 주말도 회사를 위해 희생해야 합니다. 그야말로 나의 모든 인생을 회사에 바치는 거죠. 그래야 진급도 하고 월급도 더 받게 되니까요. 그런 경쟁사회에서 살아남기가 만만치 않습니다.

다시 부자가 되는 방법을 생각해 봅시다. 대학에서 부자가 되는 방법을 배우나요? '부자 되기'라는 과목을 저는 본 적이 없습니다. 부자 되기는 고사하고 대학에서 공부했던 과목 중에 사회생활에서 써먹는 경우도 그리 많지 않습니다. 그런데도 많은 학생들이 도서관에서 청춘을 불사르며 오로지 공부하느라 시간을 다 빼앗깁니다. 좋은 직장에 입사하기 위해 새벽부터 밤까지 공부하고, 그것도 부족해서 학원까지 다니죠.

이렇게 열심히 공부해서 좋은 회사에 들어가도 부자가 되지는 못합니다. 거기서도 부자가 되는 방법은 알려주지 않기 때문입니다. 대학에 다닐 때나 회사를 다닐 때나 그 어느 때도 '돈'의 본질을 배워본 적이 없고, 투자를 배우거나 공부한 적이 없고, 사업이라는 것을 배울 기회가 없습니다.

그렇기에 부동산은 어렵게만 느껴집니다. 먼 나라 이야기일 뿐이죠. 투자로 크게 성공한 사람을 만나기도 쉽지 않습니다. 내가 관심이 없고 노력하지 않는데, 성공한 사람이 먼저 다가와주지 않겠죠. 그러므로 비슷한 사람들이 모여 '부'와는 담을 쌓고 사는 것입니다.

부자가 되기 위해서는 좋은 대학도 좋은 직장도 필요하지 않습니다. 물론 그 밑거름이 되는 것은 맞지만, 필요충분조건은 아닙니다. 부자가 되려면 많은 현장경험이 필요하고, 주변의 성공한 사람들에게서 배워야 하며, 서로 돕는 관계 속에서 그 씨앗이 뿌려지게 됩니다.

열심히 공부하고 노력하면 회사 업무는 잘할 수 있을지언정 투자나 사업을 위한 현장 경험은 거의 쌓을 수 없습니다. 학창시절 내내, 회사생활 내내 모든 시간을 공부와 업무에 빼앗기기 때문입니다.

공무원이나 공기업은 더 합니다. 워낙에 분위기가 보수적이고 정해진 틀 안에서만 업무를 해야 하기 때문입니다. 혹시나 잘못을 하면 감사 시에 지적을 당해 피해를 볼 수 있기 때문에 도전정신은 꿈도 꿀 수 없습니다. 투자는 아예 머릿속에 있지도 않습니다. 게다가 사람과 대화하는 법도 잘 모릅니다. 항상 갑의 위치에 있다 보니 상대방을 대할 때 그 사람의 마음을 빼앗을 줄도 모르고, 상대방에게서 호감을 갖게 하는 처세술도 아주 부족한 경우가 많습니다.

물론 모든 직장인과 공무원이 그렇다는 말은 아닙니다. 그중에 투자로 크게 성공한 사람들도 많습니다. 저는 평균적인 이야기를 하고 있을 뿐입니다. 그렇게 되기 쉽다는 이야기죠.

이처럼 보통의 사람들이 가는 길을 따라 걸어가서는 큰 부자가 되기 어렵습니다. 자기의 시간을 다 바쳐서 공부의 노예로, 회사의 노예로 살 수밖에 없기 때문입니다.

이런 생활이 계속되다 보면 도전정신은 점점 사라지고, 모험을 하려고 하는 의욕도 없어지게 됩니다. 어린 시절 훨훨 날던 자신의 모습은 어느새 온데간데없이 경쟁 속에 묻혀버리고 맙니다. 그러면서 회사의 방침에 점차 길들여지고 나이 40이 넘으면 혹시나 회사에서 잘리지 않을까 걱정하면서 살게 됩니다.

그렇다고 너무 자책할 필요는 없습니다. 대부분의 사람들이 그렇게 살아가니까요. 그리고 앞으로는 부자가 되기 위한 길을 걸으면 되니까요.

부자들을 만나 보면, 그리고 제가 걸어온 길을 되돌아보면, 부자 스킬은 사무실 안에서 얻을 수 없습니다. 업무를 하는 동안에는 그 스킬을 배울 수도 없습니다. 그 스킬은 현장에서 얻을 수 있습니다. 거기서 배우고 스스로 실행하면서 부자가 되는 방법을 터득하는 것입니다.

저는 내세울 것 없는 지방대 출신입니다. 다행히 대학 졸업 후 공기업에 입사했지만 그 안에서 부자가 된다는 것은 아예 꿈꿀 수조차 없었습니다. 업무는 남들이 부러워할 정도로 편할지 몰라도 내 인생의 발전은 앞뒤로 꽉 막혀 있었고, 저는 그 현실을 참을 수 없었습니다. 그래서 공기업을 그만두고 현장에서 할 수 있는 일을 찾았고, 부동산을 알아보러 방방곡곡 돌아다녔고, 보험영업을 했습니다. 그 결과 보험영업으로 지점 1등을 했는데, 1등이라는 사실보다 보험을 하면서 각양각색의 수많은 사람들을 만났다는 데 의미를 두고 싶습니다. 보험영업뿐만이 아닙니다. 부동산에 관심을 갖고 전국을 돌아다니다 보니 부동산 공인중개사부터 투자자들까지 많은 이들을 만나고 경험할 수 있었습니다. 그런 관계 속에서 부자가 되는 방법을 비로소 터득하게 된 것입니다.

학교 교육은 당신에게 부자가 되는 방법을 알려 주지 않습니다. 오히려 학교 교육은 로버트 기요사키의 말처럼 직장의 좋은 노예를 만들기 위해 만들어진 것이라고 생각합니다.

회사의 업무 또한 당신을 부자로 만들어 주지 않습니다. 만약 당신이 입사했다면 3년 정도 일을 하면서 회사라는 조직이 어떻게 돌아가는지 그 생리를 빨리 터득하고 나서는 퇴사해야 한다고 생각합니다. 그리고 당신이 정말 하고 싶었던 일, 해보고 싶었던 일을 미친 듯이 해봤으면 좋겠습니다. 그렇게 현장에서 일해봐야 부자가 될 확률이 커지기 때문입니다. 회사의 생리를 알아야 나중에 당신이 사업을 하거나 회사를 차리고 나서 도움이 됩니다.

그러면서 자본주의 사회에서 사는 데 필수인 투자를 배워야 합니다. 학원에 가서 배우든, 아니면 저처럼 부자를 찾아다니며 배우든 무조건 투자라는 것을 열심히 배워서 주저하지 말고 자그마한 투자라도 바로 시작해 봐야 합니다. 그래야 부자로 살아갈 수 있는 기초를 다질 수 있습니다.

다시 말하지만 공부를 잘했다고, 좋은 직장에 들어갔다고 부자가 되는 게 아닙니다. 오히려 부자가 될 확률에서 멀어지고 있다는 사실을 깨달아야 합니다.

Q. 전문직 종사자는 정부의 노예라고요?

A. 우리 때만 해도 의사, 변호사, 회계사 같은 전문직은 모든 사람이 부러워하는 선망의 대상이었습니다. 전문직은 수입이 워낙 많다 보니 부자가 될 수 있다는 기대치도 당연히 높았습니다. 전문직이 되기 위해 수없는 노력을 해왔을 테니 이런 사람들이 부자가 되는 것은 당연하다고 생각했죠.

그런데 지금은 시대가 바뀌었습니다.

지금 이 시대에 의사, 변호사, 회계사 등 전문직에 종사하는 사람들 중에 큰 부자를 만난 적이 있습니까? 적당한 부자가 아니라 큰 부자 말입니다. 단언컨대 거의 만나기가 어렵습니다.

왜일까요?

예전에는 전문직 자체의 수가 그리 많지 않았습니다. 시장에 나오는 공급이 그리 많지 않았기 때문에 당연히 희귀할 수밖에 없었죠. 그래서 몸값이 높았습니다. 그런데 지금은 예전과 비교할 수 없을 정도로 공급이 기하급수적으로 늘어났습니다.

하지만 전문직이 부자가 되지 못하는 이유는 공급이 늘어서만은 아닙니다. 중요한 이유는 따로 있습니다. 전문직 중에 아직도 수입이 많은 분들이 존재합니다. 그런데 문제는 그렇게 수입이 많으면 많을수록 정작 엄청난 세금을 정부에 빼앗겨야 합니다.

예전에는 정부가 세금을 지금처럼 철저하게 수령하지 못했습니다. 전문직 종사자들이 고객들에게 현금으로 받거나 다른 방법을 이용하면 세금을 부과하기가 어려웠죠. 그런데 지금은 모든 수입이 다 정부에 노출될 수밖에 없는 구조이기에 수입이 발생하는 족족 모두 다 세금으로 빼앗기게 되어 있습니다.

많이 버는 것은 좋지만 수입의 거의 절반을 세금으로 내야 한다면 많이 버는 의미는 반감될 수밖에 없습니다. 제가 아는 의사들은 모두 다 세금 때문에 죽겠다고 합니다. 버는 수입 중에 어디 하나 숨길 수도 없다고 합니다. 정부가 알아서 모두 쪽쪽 빨아간다고 아우성입니다. 제 주변의 변호사들도 마찬가지입니다. 예전과 같은 시대는 이미 끝났다고 이구동성으로 말합니다.

제가 보건데, 전문직은 정부의 수입을 위해서 일해 주는 존재가 되어 버렸습니다. 정부는 가만히 앉아서 전문직들이 내는 세금을 꼬박꼬박 받기만 하면 됩니다. 그 세금도 적은 금액이 아니죠. 매년 개인당 몇 억씩입니다. 정부 입장에서는 얼마나 감사한 존재들입니까?

전문직으로 부자가 될 수 있는 시대는 이제 끝났습니다. 하루라도 빨리 돈의 생리를 알아야 하고 제대로 된 투자를 알아야 합니다. 그러지 않고서는 평생 정부의 노예로 살아가게 되어 있습니다. 정부에게 매달 상납하는 노예 말입니다.

불행히도 전문직이 부자가 될 수 없는 결정적인 이유가 또 하나 있습니다.

사람은 성공하려면 어떤 사람을 만나느냐, 그리고 어떤 환경에서 일을 하느냐가 중요합니다. 부자들은 의도적으로 성공한 사람, 좋은 성품을 지닌 사람을 만나려 합니다. 그렇게 자기 주변을 좋은 환경으로 만드는 것입니다.

그런데 한번 생각해 봅시다. 요즘 돈을 잘 번다는 치과의사! 얼마나 열심히 공부해서 힘들게 된 자리입니까? 그런데 매일 하는 일이 뭔가요? 남의 썩은 이빨을 보고, 잇속에 나사를 박아 임플란트를 씌웁니다. 당신이 그 입장이라고 생각해 보면, 이게 정말 부자가 될 사람이 할 직업인가요?

다른 의사들도 마찬가지입니다. 항상 피를 봐야 하고, 아픈 사람들만 만납니다. 암 걸린 사람, 교통사고 난 사람, 어디 상처가 크게 나거나 몸이 고장 난 사람, 정신병에 걸린 사람 등 정상이 아닌 사람들만 만나죠. 이게 부자가 될 사람이 할 일일까요?

변호사는 어떻습니까? 매일 법을 가지고 서로 싸우는 일만 합니다. 서로 으르렁거리며 서로를 죽이겠다고 하는 사람들 사이에서 그런 인간 이하의 험한 모습만 봅니다. 이게 부자가 될 만한 일입니까?

회계사는 매일 엑셀 안에 있는 그 조그만 숫자만 보면서 따지고 또 따집니다. 사람이 작아지기 아주 쉬운 일이죠.

전문직이라는 말은 좋게 들리지만, 그들이 하는 일은 다 이런 일들입니다. 전문직은 부자가 되기 어려운 일의 환경을 가지고 있는 게 사실입니다. 그러니 당신이 전문직이 아니어도 이제는 부러워할 일이 아닙니다.

참고로 제가 어떤 일을 비하하자는 취지에서 이런 말을 하는 것이 결코 아닙니다. 부동산 투자자로서 살아오면서 지극히 일반적으로 느끼는 바를 말하는 것이니 오해가 없었으면 합니다.

Q. 보통 사람인 제가 아주 큰 부자가 될 수 있다고요?

A. 솔직히 보통의 집에서 태어나 보통 직장을 다니고 주말에 편히 쉬는 사람이

라면 부자가 될 확률은 제로에 수렴합니다. 하지만 저는 좋은 직장을 다니는 사람보다, 혹은 전문직에 종사하는 사람보다 보통 사람이 더 빨리 부자가 될 수 있다고 생각합니다. 물론 9시에 출근해서 6시에 퇴근을 하고, 주말에는 열심히 여가를 즐기는 그런 사람을 두고 하는 말이 아닙니다. 보통의 직장을 다닌다 해도 성공하고자 하는 열의가 높고, 지극히 도전적인 사람을 두고 하는 말이죠.

예를 들어 당신이 대기업에 다닌다면, 아무리 일을 잘해도 윗사람에게 인정받기가 쉽지 않습니다. 당신의 동료, 선배, 후배들이 대부분 SKY를 졸업한 수재 중에 수재일 테니 말이죠.

그런데 만약 당신이 중소기업에 다닌다면 처세만 제대로 하고 일처리를 확실히 하면 그 기업 직원들 중에 1인자가 되기가 쉽고 윗분들에게 바로 인정 받을 수 있습니다. 그렇게 윗분들에게 인정을 받다 보면 실제로 시간이 얼마 지나지 않아 빠른 진급을 할 수 있고, 윗분들은 그런 당신에게 더 많은 기회를 제공할 것입니다.

제가 지방대를 나와서 성공할 수 있었던 계기는 '내가 비록 지방대에 들어왔지만, 내 학우들과 똑같이 되지는 않겠다'는 다짐을 했고, 그에 더해 월등한 최고가 되기 위해 노력했기 때문입니다. 그리고 실제 지방에서는 그 노력에 비해 두각을 나타내기가 쉽습니다. 그렇게 결실을 보았던 것이죠.

지금도 생각해 보면, 제가 지방대를 나온 것은 행운이었다고 생각합니다. 만약 서울대를 나왔다면 지금과 같은 성공도 없었을 것입니다. 그 안에 잘난 놈들은 다 모여 있을 텐데 제가 거기서 두각을 나타낼 수 있었겠습니까?

보통의 회사를 다니는 당신이 대기업에 다니는 사람들보다 성공 확률이 훨씬 큽니다. 대기업에 들어가야 좋다는 말도 이제 옛말입니다. 지금 돌아가는 상황이 그렇습니다.

비록 대기업이 아니어도, 당신이 속한 그 회사에서 최고가 되면 됩니다. 두각을 나타내야죠. 윗분들에게는 마치 마이크에서 나오는 소리처럼 크게 인사해야 하고 허리는 무조건 90도로 꺾어야 합니다. 그러면 당신은 단시간에 회사 전체에서 인정을 받게 되고 금방 윗자리를 차지하게 됩니다.

그리고 그런 자부심 속에서 당신만의 투자 대상을 찾아야 합니다.

부동산에 투자하고 싶다면 그 안에서, 주식에 투자하고 싶다면 그 안에서(물론 저는 주식을 싫어합니다), 전문강사가 되고 싶다면 거기에 당신의 모든 것을 다 투자하면 되고, 영업의 달인이 되고 싶다면 거기에 재능을 모두 쏟아 부으면 됩니다.

그게 성공으로 가는 지름길이라 생각합니다.

단, 자기 자신만의 자부심은 반드시 필요합니다. 자부심이 없이는 성공하지 못합니다. 자존감이 낮고, 뭔가 이루어냈다는 자부심이 없으면 성공도 부도 거머쥘 수 없습니다.

안정적인 공무원, 앞으로는 부러워하지 않아도 됩니다. 공무원들은 자기가 하고 싶은 일을 할 수 없습니다. 퇴직 후 연금 받을 생각에 평생 하고 싶지 않은 일만 하고 삽니다. 대기업도 부자가 되는 것과는 큰 연관성이 없습니다. 배우는 것도 많지 않습니다. 자기 자신을 살찌우고 자기가 부자가 되게 하는 지혜를 배울 수 없습니다.

그러니 보통 사람인 당신이여! 부디 성공하고 부자가 되길 바랍니다. 대기업에 다니지 않고, 공기업에 다니지 않고, 공무원이 아니고, 전문직도 아닌 당신이 더 빨리 성공할 수 있는 확률이 큽니다.

당신이 살고 있는 대한민국은 당신이 노력하고, 당신이 자본주의와 돈에 대한 지식을 충분히 쌓고, 그것을 바로 실행한다면 큰 부자가 될 수 있는 기회의 나라입니다.

절대 당신이 겪고 있는 어려움에 대해서 남 탓, 환경 탓을 하면 안 됩니다. 무조건 당신이 문제이고, 당신이 성공을 할 수 있는 최고의 존재입니다.

차례

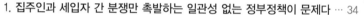

2부
마인드와 태도가
1%의 기적을 만든다

3부
부동산으로 성공하는
박정수의 특급 비책

4부
박정수의
부동산 투자 비밀노트

550만 원인 강의 중 일부

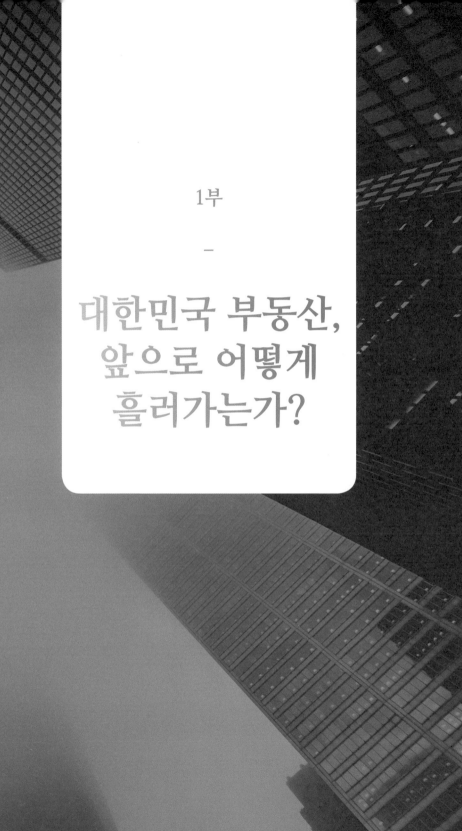

1부

–

대한민국 부동산,
앞으로 어떻게
흘러가는가?

집주인과 세입자 간 분쟁만 촉발하는
일관성 없는 정부정책이 문제다

　나는 문재인 대통령을 아주 오래 전부터 인격적인 면에서 존경하고 사랑했던 사람이다. 물론 지금도 마찬가지다. 하지만 현 문재인 정부의 부동산 정책을 보면 한심하다 못해 무능하다는 생각마저 든다. 대체 왜 이러는 것일까? 정부의 부동산 정책 하나가 이 나라에 얼마나 큰 영향을 미치고, 수천만 명의 삶의 방향을 바꾸는데 정말 그 사실을 몰라서 그런다는 말인가?

　정말 부동산을 경험해보기나 한 사람들이 정책을 만들고 있는지 의심하지 않을 수 없다. 1년 전에는 주택임대사업자 제도를 그렇게도 장려

하더니, 이제는 주택임대사업자를 투기의 주범으로 간주하면서 몰아간다. 몇 달 전에는 전세자금 대출을 부부 합산 소득 7천만 원 이상이면 못 받게 하려다가 비난을 받더니, 돌연 그런 것은 또 아니란다. 그러다 이제는 주택을 가지고 있는 사람 중에 부부 합산 소득 1억이 넘으면 전세로 이사를 가고 싶어도 전세자금 대출을 해줄 수 없다고 발표한다. 우리나라는 분명 사회주의가 아니라 민주주의 국가인데, 어떻게 1주택을 소유하고 있다는 이유로 전세로 이사 가는 것을 막아버린단 말인가? 도대체 어떤 사람의 머리에서 나온 발상인지 도무지 이해되지 않는다.

임대사업자대출은 처음 정부가 임대사업자제도를 장려해 정부의 주택공급 의무를 임대사업자에게 대신해 달라고 하기 위해서 만든 제도다. 그런데 이제는 또 그것을 이용하는 것 자체를 나쁜 것처럼 말한다.

정부가 이래서야 되겠는가? 일반 개인도 말을 이랬다저랬다 하면 신뢰를 잃을 뿐만 아니라, 어떤 말을 해도 아무도 믿지 않게 되는데, 하물며 정부가 이렇게 혼선을 자주 일으키면 부동산 시장이 어떻게 되겠는가?

양도세를 낮추어야 다주택자들이 쉽게 집을 팔 텐데 양도세를 잔뜩 올려놓고서는 사람들이 집을 팔지 않는다고 정부에서 난리다. 양도세가 그렇게도 많이 나오는데 누가 팔겠는가? 전세자금 대출을 강력히 규제하는 바람에 전국적으로 전세시장이 완전히 꽁꽁 얼어붙었고 이러는 바람에 정부가 오히려 전국적으로 역전세를 일으키는 요인을 만들었다.

또한 집주인이 세입자의 전세보증금을 반환하고 싶어도 집주인에게 주어지는 전세보증금 반환을 목적으로 하는 대출에 대한 정부의 규제로 인해 아파트에 대한 대출도 받기가 힘들어졌다. 세입자와 집주인 간의 갈등을 만든 주체가 바로 정부인 셈이다.

이제는 정부가 현재 전국적으로 불처럼 번지는 역전세를 일으킨 주범 중 하나가 되었고, 그 결과 이사를 가지 못하는 서민에게도, 세입자에게 보증금을 돌려줘야 하는 집주인에게도 막대한 피해를 주고 있다.

그런데도 정부는 집주인이 세입자에게 보증금을 돌려주지 못하는 것은 모두 다 집주인 책임이니 집주인이 알아서 해결하라고 한다. 불과 몇 달 전까지만 해도 새로운 세입자를 구하지 못하면, 집주인은 전세자금 반환대출을 받아서라도 기존 세입자에게 전세보증금을 갚을 수 있었다. 그런데 정부가 대출을 막는 바람에 세입자와 집주인은 서로 싸울 수밖에 없게 되었고, 결국 보증금반환소송을 해야만 하는 게 지금 부동산 시장의 현실이다.

부동산 시장이 큰 무리 없이 돌아가야 하는데, 지금은 갈등만 양산하는 구조다. 지금의 상황으로 방치 내지는 악화시켜 버린 정부의 무능함에 입이 다물어지지 않는다.

이렇게 정부가 거의 대부분의 대출을 막아버리면 초기에는 부동산 투기를 잡고 시장을 안정시켰다는 평가를 받을 수는 있다. 정부도 이런 평가를 받기 위해 정책을 펼 것이다. 하지만 시간이 지나면 국민들도 정부가 올바른 대책을 내놓은 게 아니라는 사실을 알게 될 것이다. 지금 정부의 정책은 매우 근시안적인 대안일 뿐 실제로는 선하고 착하게 사는 서민들을 더 힘들게 만들고 있다.

2

막혀버린 대출, 막혀버린 집주인과
세입자 간의 소통

　현재 정부는 부동산과 관련된 은행의 매입자금 대출뿐만 아니라 전세자금 대출 및 전세금반환을 목적으로 하는 대출도 상당부분 받을 수 없게 막아 놓았다. 제2금융권인 저축은행도 마찬가지로 정부가 거의 다 막았다고 한다. 특히 집주인이 다주택자라면 거의 대출을 받을 수 없는 상황이다. 다주택자는 집을 구입할 시 대출을 받을 수 없을 뿐만 아니라, 세입자가 이사를 가려 했을 때 새로운 세입자가 맞춰지지 않는 상태에서는 전세금을 반환하기 위한 대출도 막혀버렸다.

　만약 세입자를 구하지 못하고, 기존 세입자의 보증금을 내줘야 한다면 집주인은 정부의 이 잘못된 정책 때문에 1금융권과 2금융권에서 대출을 받을 수 없어 결국 대부업체까지 내몰리게 된다. 연 15~18%의 무시무시한 이자를 물면서 말이다. 현재 나 역시 이런 대부업체로부터 많은 돈을 빌린 상태다. 세입자에게 보증금을 내줘야 하기에 어쩔 수 없는 선택이었다.

정부의 말도 안 되는 정책 때문에 집을 가진 일반인이 대부업체를 이용해야 한단 말인가? 말이 되는가? 이게 정말 정부에서 할 짓인가?

만약 이후에 부동산과 관련되어 있다는 이유로 대부업체 대출마저 규제한다면 어떤 일이 일어날까? 그 피해는 고스란히 세입자에게 돌아갈 것이고, 세입자는 피해를 구제받으려 이후 전세금반환소송을 제기할 테고, 결국 집주인은 경매로 집을 넘겨야 할 것이다. 결국 피해는 집주인에게 고스란히 돌아오게 되어 있다. 세입자는 그 시간 동안 경제적, 시간적, 정신적 피해를 입어야 한다. 아무 죄 없는 집주인과 세입자는 문제가 해결되지 않는 한 다툼을 계속할 수밖에 없다.

정부의 그릇된 정책은 수많은 선량한 사람의 눈에서 피눈물이 나게 만든다. 정부가 부동산 관련 대출을 이처럼 철저히 봉쇄하는 이유는 무엇인가? 현재 대한민국의 부동산 가격이 비정상적이어서 이런 비정상적인 상황을 해결하려면 정부도 비정상인 방법밖에 쓸 수 없다고 한다.

아주 가관이다. 이 못난 정책이 국민들에게 얼마나 많은 피해를 주는지는 모르고, 눈에 보이는 현상만 봉합하려는 근시안적인 태도 그 이상도 이하도 아니다. 하나만 알고 둘은 모르는 정책, 현장의 소리를 반영

하지 못하는 정책은 반드시 수정되어야 한다.

정부에게 바란다

전세보증금 반환을 목적으로 하는 대출은 규제 대상에서 풀어야 한다

현재 부동산 매매가를 잡기 위한 정부의 대출 억제정책은 매우 강력하다. 주택을 몇 채 보유하고 있는 사람이라면 대출을 이용해 다른 주택을 구입한다는 것은 꿈도 꾸기 힘든 상황이다. 아예 집을 사지 말라고 정부가 생떼를 쓰고 있다. 정부는 집을 사려는 사람을 죄인처럼 몰아가고 있으며, 그래도 집을 사겠다면 세금으로 더욱 더 압박을 가하겠다는 의지를 보여주고 있다.

또한 전세자금 대출도 1주택자 이상에 부부합산 1억 이상의 소득이 있는 사람이라면 전세로 이사를 가고 싶어 전세자금대출을 구하려 해도 완전히 차단된 상태이다. 따라서 이사를 가고 싶어도 가지를 못한다. 2주택자 이상은 소득의 많고 적음에 상관없이 전세자금대출은 아예 꿈도 꿀 수 없다.

전세입자 중에 무주택자도 있겠지만 1주택을 이미 소유하고도 자녀 교육이나 직장문제 등의 이유로 전세를 얻을 수 있다. 그런데 기존의 주택을 소유하고 부부 소득이 1억이 넘는 사람들에게 정부가 전세자금 대출을 완전히 차단하고 나섬으로 인해 수많은 사람들이 이사를 포기하게 되었다. 요즘 전세를 얻는 사람들 중에 그 누가 전세자금대출 없이 이사를 갈 수 있겠는가?

현재 전국적으로 수십만 명의 임대사업자가 소유한 아파트의 전세금 하락으로 인해 역전세 문제가 심각하게 진행되고 있다. 근래에 지방뿐만 아니라 수도권 아파트 전세가의 하락폭이 매우 크다. 몇 천만 원에서 1억 원 가까이 떨어진 지역도 있다. 그런데 이렇게 전세가가 떨어진 상황에서 전세입자가 다른 곳으로 이사를 가려 할 때 새로운 세입자를 구하기 힘든 상황일뿐더러 나갈 세입자의 전세반환금을 구하지 못해 결국 그 아파트를 팔아서라도 전세금을 돌려주어야 하는데, 그러고 싶어도 임대사업자는 8년 동안 매매를 할 수 없어 그러지도 못한다.

게다가 임대사업자가 아파트를 팔 수 없으니 대출이라도 구해서 전세입자에게 돌려주고 싶어도 임대사업자의 아파트는 세입자의 전세퇴거자금을 목적으로 하는 대출마저도 정부가 강력히 규제하고 있는 실정이다. 집주인이라면 전세입자가 다른 곳으로 이사를 갈 수 있게 도와드려야 하는데도 임대사업자는 아파트를 팔 수 없고, 대출도 못한다. 향후 그 결과가 어떻게 될지 걱정하지 않을 수 없다.

세입자는 집주인에게서 전세금을 제대로 돌려받을 수 없어 이사를 못 가게 되고, 만약 이사 갈 곳에 계약금을 걸어 놓았다면 그 계약금을 포기해야 하는 제2, 제3의 또 다른 피해가 발생한다. 임대사업자인 집주인의 경우에는 전세퇴거자금 목적의 대출 규제가 심해서 그 대출을 받을 수 없다면, 전세금을 돌려주기 위해 결국 대부업체의 대출을 선택할 수밖에 없다. 대출규제로 인해 이율이 15~18%인 대부를 이용할 수밖에 없다는 게 말이 되는 정책인가?

전세퇴거자금 대출 규제는 임대사업자들에게 집을 팔라는 신호이다. 하지만 임대사업자는 8년간 팔지도 못하게 해놓고서는 어떻게 팔라는 것인가? 앞뒤가 맞지 않는다. 시장에 팔지 못하게 하는 정책을 만들어 놓고서는 대출을 규제해서 팔게 하려는 이런 정책은 도대체 누가 만든 것인가? 최소한 선량한 세입자들에게는 피해가 가지 않아야 한다.

부동산 시장의 매매가 조절을 위한 대출 규제는 나도 어느 정도 이해한다. 하지만 세입자들에게 피해가 갈 정도의 규제는 정책 강도의 실패라고밖에 볼 수 없다.

현재 전국적으로 부동산 시장에 역전세가 심하다. 수많은 세입자들은 혹시 전세금을 못 받을까봐 전전긍긍이다. 정부는 그들의 마음을 잘 헤아려야 할 것이다.

부디 전세보증금반환을 목적으로 하는 대출은 규제 대상에서 풀어줬으면 하는 바람이다. 그래야 세입자에게 피해가 가지 않고, 임대사업자인 집주인도 고리 대부업체에 의존하지 않게 된다.

정부로서는 전세보증금 반환을 목적으로 하는 대출이 아파트 매입자금으로 흘러들어가지 않을까 염려될 수도 있다. 하지만 전세보증금반환대출을 나가야 하는 세입자 통장으로 입금되게 하면 문제가 되지 않는다.

최소한 전세시장은 굴러가게 해야 한다

2017년부터 2018년 여름까지 서울의 아파트 값 상승세는 가히 폭발적이었다. 납득하기 힘들 정도로 서울의 아파트 값은 하늘 높은 줄 모르고 끝없이 올랐다. 결국 문재인 정부는 집값을 잡기 위해 굵직굵직한 정책들을 쏟아 냈고, 결국 2018년 9월 13일 발표된 9.13대책을 끝으로 수많은 규제책들의 마침표를 찍었다.

이후 정책이 먹히면서 현재까지 서울을 비롯한 전국의 모든 아파트 가격이 계속 하락하고 있다. 하지만 나는 올바른 방법으로 임대사업을 하는 주택임대사업자로서 정부에 솔직한 제안을 하고 싶다. 실제로 그동안 아파트 가격이 턱없이 많이 오른 지역들이 있는 것은 사실이다. 서울과 수도권의 일부 및 지방의 몇몇 지역이 대표적이다. 그렇다면 이 지역에 대한 핀셋 규제책으로 특정 지역의 아파트 매매 값을 잡는 방법을 충분히 고려할 수 있다.

그런데 지금 정책은 특정 지역이 아닌 전국의 아파트 매매 값을 잡으려는 의도로 보인다. 일반 사람들이 아파트를 구입하고 싶어도 대출 규제가 심해 원하는 바를 이룰 수 없다. 전방위적인 대출 규제로 인해 전국의 부동산 시장은 최고의 침체를 겪고 있다. 아파트를 팔고 싶어도 양도세가 워낙 높고, 사고 싶어도 대출 규제가 심해 사지도 못한다. 이게 정말 올바른 정책일까?

가장 큰 문제는 전세자금 대출에 대한 규제가 워낙 강해서 전국의 전세시장이 완전히 죽었다. 전세대란도 이런 대란이 없을 정도로 전세를 구하는 사람들이 씨가 말랐다. 부동산 시장에서는 개미 새끼 한 마리도 보이지 않는다는 말도 있다.

매매시장도 완전히 죽었고, 전세시장은 완전히 초토화 되었다. 이렇게 되면 부동산뿐만 아니라 부동산과 연결되어 있는 수많은 자영업자들이 죽게 된다. 부동산은 다른 산업과 달라서 파생된 자영업자들이 매우 많다. 이미 많은 자영업자들의 파산이 이어지고 있다.

부동산에 연결된 산업에는 무엇이 있는가? 부동산 중개사무소가 있을 것이고, 인테리어가 있을 것이고, 인테리어에 자재를 공급하는 업체, 인테리어 자재를 만드는 회사, 부동산 계약에 관련된 법무사, 이사업체, 청소업체들이 있다. 그밖에도 알게 모르게 연결된 수많은 업체들이 있다. 부동산에 대출을 해주는 은행도 있지 않겠는가?

부동산 중개사무소 폐업도 나날이 증가하고 있다. 인테리어 업체는 할 일이 없다고 한다. 당연히 인테리어 자재업체도 자재를 만들 일이 줄었고, 이사업체도 일이 없어 놀아야 할 처지이며, 청소업체도 개점휴업 상태이다. 은행도 수익이 급격히 줄 수밖에 없다.

이대로는 부동산 관련 산업 전반이 완전히 죽어나가게 되어 있다. 매매시장을 안정시키려는 정부의 노력은 인정하지만, 부디 전세시장은 굴러가게 만들어 줘야 한다. 전세시장이 움직인다고 해서 매매시장에 미치는 영향은 그리 크지 않다. 매매 값이 떨어지면 전세로 움직이려고 하고, 매매 값이 오르면 하루라도 빨리 아파트를 사려고 하는 게 사람들의 마음이다. 하지만 전세로 움직인다고 해서 매매시장을 교란하지도 않고, 미치는 영향도 지극히 제한적이다. 그러니 전세자금 대출 규제를 완화해서 세입자들이 쉽게 이사를 갈 수 있게 해주었으면 한다.

주택임대사업자제도 중 일부를 바꿔야 한다

나는 지금껏 10여년 이상 주택임대사업자를 해오고 있다. 전국적으로 내 소유의 300여 채 이상의 아파트를 가지고 임대사업을 하고 있다. 나는 임대사업자에 대한 자부심이 아주 크다. 대한민국이라는 자본주의 사회에서 정부가 해야 하는 주택보급의 의무를 성실히 대신하고 있기 때문이다. 정부의 의무를 대신하고 양질의 아파트를 일반 서민들에게 보급하고 있다는 자부심이 크다. 그런데 이런 임대사업자제도가 몇 년 전부터 크게 개편되었다. 그중 개탄스러운 몇 가지가 있다.

첫째, 임대료인상 5% 상한제이다.

임대사업자는 등록을 한 이후로는 보증금을 이전보다 5% 이상 올리지 못한다. 이 제도는 아무리 생각해도 도저히 납득이 되지 않는다.

예를 들어 2017년 중반부터 수도권 및 지방 아파트 전세가가 크게 떨어지기 시작했다. 어떤 지역은 아파트 한 채당 전세가가 1억 가까이 떨어진 곳도 있다. 만약 임대사업자가 1억 가까이 떨어진 전세가로 해당 구청 또는 시청에 임대사업신고를 하게 되면 그 이후 계속 2년 전세 만기 시마다 최대 전 보증금의 5% 이상은 올릴 수 없다.

전세가가 1억 하락한 뒤 시간이 지나 다시 전세가가 회복된다 해도 임대사업자는 기존의 크게 떨어진 전세가에서 불과 5%밖에 올리지 못하고, 이후에도 계속 2년마다 최대 5%가 상한선이다. 임대사업자에게 개인이익의 침해가 너무나 크다.

이 제도는 바뀌어야 한다. 서민들을 위해 전월세가를 안정시킬 목적이었다면, 전 보증금의 5% 인상 제한을 두기보다는, 일례로 전세 만기시 그 아파트의 KB전세가 시세의 90% 이하에서 전세가를 정하라고 하는 게 훨씬 효과적일 것이다.

그렇게 된다면 임대사업자의 개인이익의 침해 소지에서 벗어날 수 있고, 임대사업자로 인한 전월세가의 안정도 꾀할 수 있다. 일반 전세시세의 90% 정도밖에 하지 않는 임대사업자의 전세 가격은 전세시장에 안정을 줄 수 있지 않을까?

둘째, 간주임대료 제도의 개선이 필요하다.

주택임대사업자는 임차인에게 전세 및 보증금을 받는다. 그런데 그 돈을 그냥 은행에 예치하는 사람은 없을 것이다. 그 금액으로 새로운 상품을 사거나, 어디에 투자하거나 아니면 급히 필요한 곳에 쓰기 마련이다. 구입이나 투자에는 당연히 세금이 붙는다. 그런데도 정부는 임대사업자가 받는 전세보증금에 대해서 간주임대료라는 세금을 부가함으로써 이중과세를 하는 부작용이 발생한다. 따라서 간주임대료 제도는 하루 빨리 개선되어야 한다.

셋째, 임대사업자가 8년 의무기간 동안 팔지 못하게 만든 제도의 개선이 필요하다.

요즘처럼 역전세가 심할 때 집주인은 대출을 받아서라도 세입자에게 보증금을 내줘야 하는데도 대출 규제가 너무 심해 대출을 받을 수도 없다. 집주인으로서는 최후의 방법으로 아파트를 팔아서라도 세입자의 보증금을 갚아야 한다. 그래야 세입자의 피해를 최소화할 수 있다.

그런데도 지금의 정책은 임대사업자가 의무기간 동안 아파트를 팔면 막대한 과태료를 부가한다. 세입자를 돕고자 했던 선량한 임대사업자에게 큰 피해가 가고, 세입자도 큰 피해를 입을 수 있다.

임대사업자가 구입했던 금액보다 적은 금액으로 매도한다던가 역전세 상황에서 세입자에게 반환할 목적으로 매도하는 경우에는 과태료를 부가하지 않는 쪽으로 법을 개선했으면 하는 바람이다.

넷째는 전세만기제도이다.

요즘은 대부분의 세입자들이 전세만기 날짜가 되면 무조건 퇴거할 테니 전세보증금을 그날까지 차질 없이 준비하라고 집주인에게 통보한다. 만약 집주인이 그 요구를 제대로 들어주지 못하면 소송을 제기하겠다고 말한다.

이러한 현상이 옳은 일인지 모르겠다. 집주인이 죄인은 아니지 않는가? 전세 만기에 딱 맞추어서 전세금을 돌려주지 않으면 무조건 소송을 제기하겠다는 풍토는 억지스럽고 부자연스럽다. 집주인과 세입자 간에 물러설 수 없는 전쟁은 아니기 때문이다.

전세만기에서 1~2개월 정도 여유는 있어야 한다. 집주인도 새로운 전세입자를 구하려고 노력을 하다가 정 안 되면 1~2개월 정도 시간은 있어야 대출을 구하든 다른 사람에게 빌리든 할 수 있다. 그런데 지금의 임대차보호법은 세입자에게 우월한 지위를 제공하고 있기에, 전세만기까지 전세금을 돌려받지 못하면 세입자는 무조건 바로 소송을 제기할 수 있다.

이 점에 대한 정부의 적극적인 검토가 필요하다. 반드시 집주인만을 위함이 아니라, 세입자를 위한 방법이기도 하다. 문제가 원활하게 풀린다면 갈등이 사라지고 모두에게 이익이기 때문이다.

아파트 가격 하락,
결국 경기 침체를 부채질할 뿐

아파트 가격이 지금보다 더 많이 떨어져야 한다고 주장하는 사람들이 많다. 심지어 반 토막 이상을 원하는 사람들도 꽤 많다. 아파트 가격이 떨어져야 자신에게 이익이라고 생각하기 때문일 것이다. 그런데 그 판단이 맞는지는 한 번 따져봐야 한다.

아파트 가격이 급등한 곳은 당연히 가격 조정이 있어야 한다. 2018년 갑자기 급등했던 서울의 일부 지역 아파트는 가격 안정이 필요하다. 그러나 서민들이 거주하는 보통의 아파트 가격이 떨어진다면 어떤 현상이 발생할까?

아파트 가격이 계속 떨어진다면, 아파트를 구입하려는 사람도 거의 사라진다. 오늘 1억 하는 집값이 다음 달에는 9500만 원, 그 다음 달에는 9200만 원, 그 다음에는 9000만 원, 이런 식으로 계속 하락한다면 누가 아파트를 구입하겠는가? 사지 않고 계속 기다릴 것이다. 자연히 아파트 매매는 줄어들고 그로 인해 우리나라 경제에는 부정적인 효과가 발생한다. 부동산은 관련된 산업의 종류가 많아 부동산 시장이 계속 침체기에 접어들면 수많은 관련 산업들마저도 크게 흔들리고, 시간이 지나면 지날수록 산업 전반에 악영향이 확산된다. 경기가 극도로 나빠져 해고나 파산 등의 부작용이 나타나고, 중소기업의 폐업과 중소상인들의 줄도산으로 이어진다. 그렇지 않아도 경기가 역대 최악이라고 하고 중소기업의 폐업과 도산이 문제인데, 여기에 아파트 가격까지 하락하여 더 최악으로 치닫는다면 정말 당신에게 좋은 일일까?

게다가 아파트 가격이 떨어지면 집을 사려는 사람들도 줄어들어 은행 대출도 감소한다. 금융시장 타격은 불을 보듯 뻔하다. 돈이 제대로 돌지 못한다는 의미이며, 돈이 돌지 못하면 경제는 더욱 침체되기 마련이다.

높은 실업률이 장기화되고, 회사의 폐업이 급격히 증가하며, 그로 인해 경기마저 계속 어려워지면 결과적으로 누가 타격을 받는가? 바로 집값이 떨어져야 한다고 주장했던 보통 사람들이 가장 큰 피해를 본다.

불과 10여 년 전 서브프라임 사태 때 미국은 어땠는가? 집값 하락으로 인해 실업률이 급격히 증가하고 경제는 완전히 바닥을 찍었다. 세계 초일류국가라는 미국도 그 정도인데, 하물며 우리는 말할 것도 없다. 그 시절 우리나라도 서울과 수도권 부동산이 크게 하락하여 경제가 휘청거렸고, 수많은 실업자들이 거리로 쏟아져 나왔다.

아파트 가격이 떨어져야 좋다는 주장은 하나만 알고 둘은 모르기 때문에 나오는 이야기다. 실물자산인 아파트는 물가가 오르는 속도만큼은 올라야 한다. 그래야 나라 경제가 잘 돌아간다. 아파트 가격이 떨어져야 한다고 극구 주장하는 글들을 보면 그저 안타까울 뿐이다.

자본주의 하에서 다주택자들의 순기능

이해할 수 없다. 왜 다주택자들을 욕하는가? 정부마저도 다주택자뿐만 아니라 주택임대사업자까지 무슨 적폐세력이라도 되는 것처럼 나쁜 시선으로 주시한다. 아니, 불과 1년 전까지만 해도 다주택자들은 주택임대사업자로 제발 등록해달라며 국토부장관이 국민들에게 발표까지 하지 않았던가.

우리나라에는 강남 아파트를 수 채 보유한 투기꾼들이 존재한다. 땅을 가지고 단타로 치고 빠지는 기획부동산도 있다. 분양권 프리미엄을 목적으로 하는 투기 성향을 가진 투자자도 존재한다. 아파트를 사서 시세차익을 얻어서 불과 2~3년 만에 매도하는 투기꾼 같은 투자자도 존재한다.

하지만 주택임대사업자는 그런 사람들이 아니지 않은가? 강남에 수십억 하는 아파트를 가지고 있는 것도 아니요, 일반인들에게 임대를 제공할 목적으로 저렴한 아파트를 몇 채 가지고 있는 게 정말 큰 문제인가?

다주택자들이 아파트를 구입할 당시에도 부동산 시장에는 살 수 있는 아파트들이 지천이었고, 지금도 부동산 시장에는 아파트 매물이 수도 없이 많이 나와 있다. 그런데 다주택자를 욕하는 사람들은 그때도 아파트를 사지 않았고, 지금도 아파트를 사지 않는다. 그 사람들은 그 때도 아파트 가격이 떨어질 것이라고 주장했고, 이후 아파트 가격이 올라도 떨어져도 변함없이 가격이 떨어질 거라고 주장하면서 집을 사지 않는다. 그러면서 다주택자들을 욕한다. 이렇게 많은 아파트가 매물로 나와 있는데도 다주택자 때문에 집을 살 수 없다며, 현실과 동떨어진 주장을 펼친다.

그들이 집을 사지 않은 이유는 가격이 떨어질 것으로 예상했기 때문이다. 본인의 판단에 따라 경제적인 사고를 한 것이다. 지금도 매매가와 전세가 차이가 불과 몇 천만 원밖에 되지 않아서 살 수 있는 부동산은 허다하게 많다. 그래놓고 다주택자들을 욕하며, 그들 탓만 하는 모습은 눈살을 찌푸리게 한다.

자본주의 사회에서 경제적인 사고는 지극히 당연한 현상이다. 자신의 범위 내에서 조금이라도 더 벌고, 조금이라도 더 이윤을 남기기 위해 노력한다. 누구도 여기에 이의를 제기할 수 없다. 가격이 떨어질 것으로 예상해서 집을 사지 않은 사람과 오를 것으로 예상해서 집을 산 사람 모두 자신의 이익에 부합한 결정을 한 것이다. 복잡하게 생각할 필요 없이 우리가 늘 하는 자본주의적인 사고를 바탕으로 행동했다는 것이다. 그런데 왜 집을 산 사람이 욕을 먹어야 하는가? 집을 사지 않은 사람이 자기의 선택을 존중받고 싶어 하는 것처럼 반대의 선택을 한 사람도 존중해야 한다. 시간이 지나 자신의 선택이 틀렸음이 확인되면, 반대에 있는 사람을 욕해도 된다는 논리는 어디에서 나온 것인가?

다주택자들도 가격 하락에 대한 책임을 질 각오로 아파트를 구입했다. 전세가격이 떨어지면 어떤 일이 일어나는지 알면서도 자기 판단 하에 리스크를 안고 구입한 것이다. 그렇게 행동했다고 하여 욕먹을 이유는 어디에도 없다. 더구나 다주택자들 특히 주택임대사업자들은 정부가 해야 할 주택공급의 의무를 대신함으로써 서민에게 양질의 주택을 공급하고 있는데 말이다.

만약 정부가 이 일을 한다면 상상할 수 없는 막대한 세금이 지출되어야 하지만, 주택임대사업자들이 주택공급 의무를 대신 해줌으로써 막대한 세금 지출을 줄여주는 역할을 한다. 또한 주택임대사업자들은 임대료도 정부가 정해준 폭 안에서만 올린다.

물론 다주택자들 중에는 임대사업자로 등록하지 않고 투기를 목적으로 하는 사람도 있을 것이고, 유치원생이 수백 채의 아파트를 보유한 경우도 있다. 비난을 하려면 이런 사람들을 비난해야 한다. 다주택자라고 해서 무조건 싸잡아서 비난하는 것은 옳지 않다. 다주택자 특히 주택임대사업자가 수행하고 있는 자본주의 하에서의 순기능도 생각해야 하지 않을까.

6

침체는 곧 폭등을 부른다

내가 부동산 투자를 시작한 지도 15년이 다 되어 간다. 그러다 보니 좋을 때가 있고 나쁠 때가 있었다. 이 과정을 겪으면서 내가 얻은 통찰력은, 힘든 시기를 견디면 그 이상의 더 큰 기쁨의 시간이 온다는 것이었다. 위기와 기회는 동반자라도 되는 것처럼 항상 공존했다.

대부분의 사람들은 지금처럼 부동산이 힘든 시기로 접어들면, 공포에 빠져 부동산 투자를 포기하거나 보유 중인 부동산을 헐값에 팔아버린다. 하지만 어려움 속에서도 끝까지 버티는 사람은 결국 성공의 열매를 맺는다. 이처럼 끝까지 버티는 투자자가 얼마나 될 거 같은가? 전체 투자자 중에 1% 정도나 될까?

세상은 1대 99의 법칙으로 움직인다. 99%의 사람들은 보통 사람들이고 1%의 사람들은 크게 성공하는 사람들이다. 부동산 투자에 있어 99%의 사람들은 어려움을 이겨내지 못하고 그저 시장의 움직임에 따라 쉽게 포기하고 쉽게 움직인다. 하지만 1%는 소신을 포기하지 않고 끝까지 버틴다. 버티는 사람들은 단기적으로는 어리석어 보이고, 사서 고생하는 것처럼 보일 수 있다. 팔고 나면 자유를 얻을 수 있는데, 왜 그 쉬운 길을 가지 않을까? 지금은 비록 두렵지만 크게 웃는 날이 반드시 오리라는 사실을 잘 알기 때문이며, 남들이 가지 않는 1%의 좁은 길로 가야 성공한다는 사실을 깨달았기 때문이다.

많이 이들이 내게 묻는다. 지금 상황이 두렵지 않느냐고. 내가 문제없다고 대답하면, 정말 아무 문제가 없을 것으로 확신하느냐고 의심의 눈초리로 바라본다. 두렵다는 말을 듣고 싶기라도 한 것처럼 계속 묻는다.

당연하다. 나는 로봇이 아니라 감정을 가진 지극히 인간적인 사람이다. 요즘처럼 부동산이 최악의 상황으로 치달으면서 수십 억의 손해가 발생하면 두려운 마음이 앞선다. 특히 이번 정부처럼 다주택자를 죽이겠다고 작심해 버리면, 두렵고 무서운 마음이 배가 된다.

하지만 끝까지 버티면 이긴다고 생각한다. 또한 이 어려운 상황을 이겨내기 위해 수없이 많은 방안들을 연구하고 활용한다. 그리고 항상 이렇게 외친다.

"버티자. 꿋꿋이 버티자. 당당하고 대범하게 버티자. 그러면 이긴다."

나는 이런 시기에도 좋은 아파트 물건들이 있으면 구입하기를 주저하지 않는다. 다른 부동산 투자자들은 너나없이 정부의 부동산 정책에 무서워서 팔겠다고 하는데 오히려 나는 부동산을 구입한다. 이것이 바로 이기는 투자법임을 너무 잘 알기 때문이다.

과거에도 부동산 침체는 자주 반복되어 왔다. 하지만 매번 침체기가 지나면 거짓말처럼 회복이 되고, 이후에는 필연적으로 부동산 가격의 폭등이 있었다. 그게 바로 부동산 시장의 정석이다. 침체가 있으면 다시 큰 상승이 있다.

포기하고 싶은가? 만약 포기한다면 부동산 투자에서 무엇을 보고 배울 수 있는가? 배운 것 없이 상처만 남을 뿐이다. 당장의 이익도 중요하지만, 부동산으로 부자가 되고 싶으면 좋을 때와 나쁠 때를 경험하면서 시장의 흐름을 배우고 익혀야 한다. 오히려 배우는 것은 좋을 때보다 나쁠 때이다. 지극히 어려울 때 버티면서 활로를 모색하고 더 많이 연구하면서 진정한 고수로 거듭나는 것이다.

역전세가 발생한 진짜 원인

　현재 부동산 시장은 역전세가 매우 심각한 상황이다. 서울뿐만 아니라 전국 모든 지역이 역전세로 골머리를 앓고 있다. 나 역시 그동안 투자를 해오면서 이번처럼 역전세가 심한 적은 처음이다.

　2008~2010년 사이 서브프라임 사태의 여파로 우리나라 부동산은 최고의 침체기를 겪었다. 당시에도 서울과 수도권의 아파트 매매가격이 대폭 하락했지만 전세가 하락은 그리 심하지 않았다. 하지만 요즘은 정말 살얼음판을 걷는다 할 정도로 전세가 하락이 상상 이상이다.

　여기서 당신에게 질문 하나를 던진다. 지금 일어나는 역전세 현상의 원인은 무엇이라고 생각하는가?

뉴스와 신문에서는 전국적인 아파트 물량의 공급 과다 때문이라고 말한다. 건설회사가 아파트를 너무 많이 지어서 수요가 공급을 따라가지 못한다는 게 핵심이다.

하지만 내 생각은 다르다. 물론 일부 지역에는 맞는 말이다. 전국적으로 아파트 분양은 예년에 비해 2016년과 2017년에 많았던 것이 사실이다. 하지만 2016년 이전까지 아파트 공급물량이 워낙에 적었고, 이후 공급이 이루어진 것이어서 그것만으로 이처럼 엄청난 역전세 현상을 설명하기는 역부족이다.

나는 역전세의 진짜 원인은 다음과 같다고 생각한다. 이론가가 아닌 투자자의 입장에서 두 가지 원인을 꼽고 있다.

첫째, 갭투자를 하는 투자자들이 너무 폭발적으로 늘었다.

이 책을 통해 나의 솔직한 마음을 고백하고자 한다. 나의 전작(前作) 『부동산 투자 100문100답』은 2016년 4월 출간되었다. 나는 이 책이 시중에서 큰 인기를 끌지 못하리라 생각했지만, 결과는 예상을 완전히 빗나갔다. 팔린 책도 많았지만, 그로 인해 시장에 파급 효과가 대단히 컸다.

나는 인생 자체를 목숨을 걸고 열심히 살았고, 열심히 산 결과 아파트를 구입하게 되었으며, 또한 그 아파트를 주택임대사업자로 등록해서 정부의 주택보급 의무에 일조하면서, 즉 내가 사랑하는 대한민국에 좋은 일을 하면서 수익을 얻는 그런 사업모델을 알게 되었고, 이런 좋은 내용을 나만 알 것이 아니라 열심히 살아가고 있는 선한 사람들에게 나의 노하우를 알려드리고 싶었다. 그래서 용기를 내서『부동산 투자 100문100답』을 출간하였고, 이후『나는 갭투자로 300채 집주인이 되었다』라는 책까지 출간했다.

그런데 이 두 권의 책이 우리나라 부동산 투자의 생태계를 완전히 바꾸어 놓았다. 혀를 내두를 정도로 갭투자가 전국을 휩쓸게 된 것이다. 나조차도 전혀 예상하지 못했던 결과였다. 엄청나게 많은 사람들이 갭투자에 관심을 가지게 되었고, 수많은 갭투자 관련 부동산 카페가 생기면서 많은 사람들이 갭투자의 세계로 진입했다. 일부 부동산 카페는 버스까지 대절하여 수십 명 단위로 고객을 특정 지역에 몰고 가서 한꺼번에 수십에서 백여 채의 아파트를 쇼핑하기까지 했다. 예전 같았으면 하루에 한 채, 잘해야 두 채 정도의 아파트 매매계약이 이루어졌을 텐데, 부동산 카페의 아파트 쇼핑으로 인해 하루에 수십 채 또는 백여 채의 아파트 매매계약이 이루어졌다.

이렇게 쇼핑한 아파트로 인해 전세 공급 물량이 부동산 시장에 엄청나게 쏟아져 나오게 된 것이다. 나는 결코 예상할 수 없던 일이었다. 정말 상상조차 할 수 없었다. 이렇게 놀랄 정도로 수많은 사람들이 내가 주장한 갭투자라는 방법으로 아파트를 쇼핑할 줄이야. 기절초풍할 정도였다는 게 솔직한 심정이었다.

둘째는 이렇게 전세시장이 힘든 와중에 더욱 더 기름을 부은 건 현 정부가 2018년 단행한 9.13 부동산 대책이다. 이로 인해 전세자금 대출 규제가 매우 심해졌다.

대출을 받지 않고 전세를 얻는 비율이 얼마나 될까? 90% 이상은 대출을 받는다. 집이 있어도 자녀교육이나 직장 문제 때문에 전세를 얻는 경우는 많다. 그런데 9.13대책이 발표되면서 전세로 이사를 갈 수 없게 돼버렸다. 사회주의국가도 아닌데, 거주 이전의 자유가 일부 박탈된 것이다.

1, 2년 사이 갭투자자가 폭발적으로 증가하여 전세 공급이 기하급수적으로 늘어나고, 거기에 정부의 전세자금대출 규제가 더해져 지금의 심각한 역전세 현상이 나타났다. 뉴스나 신문에서 말하는 공급 물량 때문이 아니라, 위의 두 가지가 더 큰 요인이라고 생각한다.

갭투자는 신규로 공급되는 아파트에까지도 이뤄졌고, 그러한 투자로 인해 새로운 전세를 맞추기 힘들어지는 현상도 발생하게 되었다.

현상을 바로 알아야 해결책을 찾을 수 있다. 현상을 잘못 이해하여 엉뚱한 방향으로 정책이 집행되지 않을지 걱정이 된다.

지금은 위기인가?
죽기 전에 다시 오지 않을 투자 기회인가?

부동산 투자에 희망은 정녕 없는 것일까? 전국적인 역전세 현상과 정부의 규제. 앞으로 부동산 투자는 역시 하지 않는 것이 상책인가?

나는 그렇지 않다고 생각한다. 오히려 지금 같은 시기가 투자의 적기라고 본다. 갭투자를 생각했던 사람들이 이미 대다수 투자를 포기했고, 보유자들은 힘든 시간을 보내고 있다. 수많은 아파트가 경매에 신청되고 있고 전세보증금반환소송도 역대 최다라고 한다.

이런 경험을 한번 하고 나면 다시 부동산에 투자할 수 있을까? 공포감을 주는 뉴스나 기사를 접하면서 부동산 투자를 할 마음이 남아날까?

아니다. 절대 하지 못한다. 내가 받는 연봉보다 전세가가 더 많이 떨어지는 것을 본 투자자가 다시 아파트에 투자한다고? 어불성설이다.

이런 경험을 하고 나면 이후에는 절대로 다시 투자하지 못한다. 무섭고 두려워서도 못하고, 또 실패할까봐 몸을 사리게 되어 있다. 이는 무엇을 뜻하는가? 바로 경쟁자가 사라진다는 말이다.

갭투자자들로 넘쳐났던 2016년과 2017년 초반기까지는 아파트를 사고 싶어도 무슨 사재기를 하듯 아파트를 미친 듯이 쇼핑하던 투자자들 때문에 좋은 아파트를 사기가 정말 힘들었다. 투자자를 태운 버스가 지나가고 나면 좋은 아파트가 남아나지 않았다. 물량을 싹쓸이해 버렸으니 말이다.

그런데 지금은 어떤가? 그런 사람들이 종적을 감췄다. 아예 보이지도 않는다. 또한 수십 채씩 구입했던 아파트들이 지금은 시장에 헐값에 나와 있다.

그렇다면 투자자의 입장에서 시장을 냉정히 바라보자. 지금이 기회인가, 위기인가? 위기이지만 기회이고, 위기와 기회가 공존하는 시기이다.

또한 정부 규제가 계속될 것이라 생각하는가?

나의 생각은 이렇다. 정부 규제가 지속되면 부동산 경기는 지금보다도 더 심하게 추락하게 된다. 지금도 부동산 경기가 수십 년 만에 최악이라고 하는데 말이다. 부동산 경기 추락은 우리나라 경제성장에 찬물을 끼얹고 발목을 잡는다. 부동산 관련 산업이 하강 곡선을 그리고, 폐업과 퇴출이 속출할 것이며, 금융산업도 맥을 추지 못하게 된다. 부동산을 죽이면 부동산만 죽는 게 아니라 국가경제도 완전히 바닥을 찍는다. 현재 우리나라 경기가 극도로 부진한 데에는 부동산도 한몫하고 있다.

위의 내용은 정부도 뻔히 아는 바다. 그런 정부가 지금의 규제를 계속할 수는 없다. 게다가 부동산 시장의 침체는 정부의 재정에도 심각한 타격을 입힌다. 부동산 거래로 인한 정부의 재정 수입은 상당하다. 특히 지방정부 재정에 있어 부동산 취득세가 차지하는 비율이 상당히 큰데 현재 취득세의 수입이 급격히 줄고 있을 뿐만 아니라, 중앙정부의 양도세 수입도 지극히 타격을 받고 있다. 이런데도 정부가 규제를 계속할 수 있으리라 생각하는가?

"난세에 영웅이 난다"는 말이 있다. 지난 수십 년을 돌아볼 때 지금처럼 힘든 시장은 정말 보기 힘들 정도이다. 부자들에게는 지금이 얼마나 좋은 때이겠는가? 보물 같은 아파트들이 허다하게 널려 있다. 투자자들이 포기하고 헐값에 내놓은 좋은 아파트가 사방에 깔려 있다. 게다가 경쟁자들도 사라지고 없다. 대부분의 사람들은 이미 투자를 포기했거나, 관망 정도 하는 상황이다.

그러니 지금이 얼마나 투자하기 좋은 때인가? 어쩌면 이번이 죽을 때까지 다시 오지 않을 최고의 기회일 수도 있다.

역전세를 이겨낼 방법이 있다면?

　역전세! 이제는 말만 들어도 무서운 괴물처럼 느껴진다.

　2017년 중순부터 일부 수도권과 지방에서 시작된 이 역전세가 나를 얼마나 힘들게 했는지 감히 아무도 상상하지 못할 것이다. 한두 채도 아니고 300채라면 그 무게감은 말로 다 형용할 수 없다. 지금까지 15년간의 투자에서 이렇게 큰 역전세는 처음이다.

　부동산 시장이 제 아무리 힘들다 해도 일부 아파트들의 매매가 조정이 있을지언정 전세가 하락이 이렇게 컸던 적은 지금까지 한 번도 없었다. IMF와 서브프라임 등 여러 번의 경제위기를 겪었지만, 이번 현상은 참으로 보기 드문 경우다. 게다가 요즘 발생하고 있는 역전세는 그 폭이 상당하다. 수도권의 아파트 한 채당 천만 원 정도도 아니고, 마치 누가 장난이라도 치는 것처럼 채당 4~5천만 원 하락은 기본이요, 1억까지 떨어지는 경우도 다반사다.

솔직히 한 개인이 감당할 수 있는 금액인가? 내가 2017년 중반 수도권 아파트 시장에서 처음으로 역전세를 맞았을 때는 정말 입이 다물어지지 않았다. 어떻게 이런 일이 발생한단 말인가. 도저히 말이 되지 않았다. 그런데도 그 이후 이 역전세 현상이 수도권 전역으로 마구 퍼져나갔다.

앞이 캄캄했다. 도저히 내가 감당할 수 있는 범위가 아니라는 생각만 들었다. 한두 채도 아니고 수백 채의 아파트가 모두 다 역전세를 겪어야 한다는 생각에 몸이 떨리고 말이 잘 나오지 않았다. 직원들마저도 마구 퍼지는 역전세 현상이 무섭다면서 다들 회사를 그만두었다.

나는 직원들에게 "나는 그동안 살아오면서 주변 사람들이 불가능하다고 하는 상황에서도 기적을 만들어왔고 기적 같은 인생을 살아왔다. 이번 부동산 역전세 현상에서도 난 기적을 만들어서 너희들에게 극복하는 모습을 보여줄 테니 나와 함께 일하자"고 주장했다. 하지만 돌아온 말은 "역전세로 발생할 손해가 수십 억에서 어쩌면 백억 이상이 될 수도 있으니 포기하세요"였다. 나는 단호히 거부했다. 무조건 해낼 것이라고 외쳤다. 하지만 쇠귀에 경 읽기였다.

하긴 어느 누가 나의 말을 믿겠는가? 믿는다고 하면 오히려 그게 말이 되지 않는다. 역전세라는 두려운 파도가 덮쳐오는데, 버티자는 말이 가당키나 할까?

직원들이 떠난 후 며칠 동안 술만 주구장창 마셨다. 나는 세상의 수많은 선한 사람들에게 그간의 투자 경험을 바탕으로 성공의 길로 이끌어주기 위해 좋은 책들을 썼던 것뿐인데, 결과적으로 엄청나게 많은 갭투자자를 양산하게 되고, 갭투자를 목적으로 하는 부동산 카페들이 우후죽순 생기게 만들고, 끝내는 오히려 나에게 독이 되어 돌아오는 결과를 초래했다.

내가 10여 년 동안 불철주야 노력하여 이루어 낸 자산들이 한순간에 물거품이 될 수도 있다고 생각하니, 도저히 납득이 되지 않았다. 몰락의 길로 갈 수도 있다는 두려움도 엄습했다.

하지만 그러한 두려움에 쉽게 무릎 꿇을 내가 아니었다. 인터넷을 뒤지고 또 뒤지면서 역전세를 해결할 수 있는 정보를 미친 듯 찾았고, 현장에 가서 내가 연구한 것들이 적용될 수 있는지 확인하고 또 확인했다.

하지만 처음에는 밤을 새워 검토한 내용도 막상 부동산 현장에서는 거부당하기 일쑤였다. 그런 방안으로는 세입자에게 결코 먹히지 않을 것이고, 자신들도 내가 제안한 그런 방식으로는 부동산 중개를 할 수 없다는 말만 되풀이하였다.

그렇게 수개월이 지나면서 나의 아파트 수십 채는 역전세 폭탄을 맞았고, 나는 수십 억의 현금을 지불해야 하는 초유의 사태가 발생했다.

"시간이 금이고 정보가 금"이라는 말이 뼛속 깊이 다가왔다. 쉬지 않고 연구를 거듭했다. 역전세를 해결할 방법을 계속 미친 듯 연구하고 검토하고 검색하고 다시 현장에 가서 적용해 보려 했다.

그렇게 수개월을 노력한 뒤 정말 기적적으로 역전세를 해결할 수 있는 방법 6~7가지를 발견하거나 만들었다. 그리고 전속으로 함께 일하는 부동산 공인중개사 분들과 만나 자세히 설명하며 설득했고, 부동산 현장에 바로 적용할 수 있도록 했다. 이건 정말 기적이라고 말할 수밖에 없다. 전속 공인중개사분들도 어떻게 이런 기적적인 생각을 다했냐면서 크게 놀랐다.

어떻게 역전세를 해결할 방법을 발견하고 만든단 말인가? 그런데 나는 그것을 해냈다. 그 결과 지금은 전속 부동산중개소에서 내가 만들어낸 역전세 해결방법으로 나와 회원분들의 역전세를 해결하면서 작업을 진행하고 있다.

오해하지 말자. 내가 만들어낸 역전세 해결방법은 세입자분들을 더욱 힘들게 하거나 피해를 주지 않는다. 오히려 더 좋은 조건으로 살 수 있게 함과 동시에 집주인에게는 거의 피해가 가지 않는다. 그래서 앞서 기적적인 방법이라고 했던 것이다.

이 책을 읽는 분들 중 상황이 급할수록 "그 방법을 빨리 알려달라"고 말하고 싶을 것이다. 하지만 죄송하게도 여기에선 그 방법을 밝힐 수 없다. 이 책에서 그 방법을 밝히고 나면 내가 처음 책을 출간했을 때처럼 우리나라 부동산 시장에 엄청난 파급효과가 나타날 게 너무나 뻔하다. 나의 말 한 마디가 수십만 명의 투자자에게 악영향을 미치게 되고, 그러다보면 선한 투자자들은 또다시 내가 당했던 것처럼 엄청난 피해를 입을 수밖에 없다.

대신 이 책을 읽는 독자들에게 부탁드릴 말씀이 있다. 먼저 인터넷을 통해 역전세 해결방안을 샅샅이 뒤져보라. 며칠 밤을 새워서라도 방법을 찾아야 한다. 어디엔가 당신을 구할 중요한 정보가 숨어 있을 것이다.

또한 현장 부동산 중개업소를 방문하여 해결방안을 묻고 또 물어보자. 여러 곳을 다녀야 그나마 방법을 들을 수 있다. 특히 네이버부동산에 물건을 많이 올려놓고, 계약이 많이 체결된 부동산중개소는 뭔가 방법이 있을 확률이 크다.

그러니 역전세가 일어났다고 포기하거나 환경을 탓할 게 아니라 그 어려움을 깨부수기 위해 도전해야 한다. 길은 분명히 있다.

10

역전세 해결방안에
나의 모든 것을 다 건 이유

　앞서 언급했듯이 수를 헤아릴 수 없이 나에게 다가오는 역전세를 해결하기 위해 사력을 다했다. 정말 해결책을 알아내기 위해 수개월동안 죽을 만큼 미친 듯이 노력했다. 내가 아무리 노력하고 현장에 방문해서 함께 논의해도 절대 통하지 않을 거라는 부동산 공인중개사들의 부정적인 주장은 끊이지 않고 계속되었다. 그 어떤 부동산 책에도 역전세를 해결했다는 내용은 없었지만 나는 결코 포기할 수 없었다. 그리고 결국 해결방안을 발견하고 만들어 냈다.

　나는 왜 다른 투자자들처럼 쉽게 포기하지 않았을까? 그냥 급매로 팔아버리면 마음은 편해지지 않겠는가? 거기에는 그만한 이유가 있었다.

첫째, 내 아파트는 나의 피와 목숨과 같은 존재이다.

나는 전작 『바보부자』에서 내가 어떻게 아파트를 샀는지 밝혔다. 당신이 만약 그 책을 읽는다면 아마 눈물이 나올지도 모른다. 다른 투자자들은 그냥 아파트를 사는 것, 투자하는 것에 불과할지 몰라도 나는 그렇지 않다. 나는 목숨을 걸고 아파트를 구입했다. 암 투병으로 뼈만 앙상하게 남은 몸으로도 아파트를 구입하기 위해 코란도를 몰면서 지방 곳곳을 돌아다녔고, 더 많은 아파트를 구입하고 싶어 하루에 4~5시간만 자면서 쉬지 않고 일했다. 2011년 내 소유의 아파트 100채를 만들겠다고 다짐하면서 그것을 이루기 위해 필사적인 노력을 다했다.

지금도 힘들고 어려운 일이 생기면 힘들게 구입했던 몇몇의 아파트를 보러 다니고는 한다. 그 아파트를 구입하기 위해 그때 얼마나 눈물 나는 노력을 했는지 그 아파트 앞에서 생각하면 지금 겪는 아픔과 고통이 사르르 녹는 기분이다.

나에게 아파트는 그런 존재다. 그래서 피와 땀의 결정체인 그것을 포기하고 싶지 않다. 내가 무엇을 잘못해서가 아니라 부동산 시장의 변화 때문에 포기하고 싶지 않다.

둘째, 더 중요한 이유는 바로 수많은 회원분들 때문이다.

나는 PJS컨설팅이라는 임대관리회사를 통해 선한 회원분들에게 좋은 아파트를 구입해 드렸고 임대관리까지 하고 있다. 그 수가 3천 채에 가깝다. 그 책임감이 나를 깨워 잠들지 못하게 한다.

사연 없는 돈이 어디 있겠는가? 그분들이 마련한 아파트 자금은 지금까지 살아오면서 소중히 아끼고 모아왔던 돈이 분명하다. 오직 박정수라는 사람 하나 믿고 그 소중한 자금을 집행하였다. 그런데 갑자기 생각하지도 못한 역전세를 맞게 되었다.

이들에게 무슨 죄가 있는가. 그저 인생을 열심히 사셨고 착하게 살아오셨다. 나만 믿고 임대사업에 뛰어든 것뿐이다. 투기하는 사람들도 아니고, 박정수라는 사람과 함께 십년 이상 주택임대사업을 하겠다고 약속했는데 갑자기 이런 엄청난 장애물을 만난 것이다.

이런 분들을 내가 모른 척하면 안 되었다. 물론 몇몇은 회원 자격을 탈퇴하기도 했고, 내게 왜 이런 미래를 예측하지 못했냐며 악담을 퍼부은 경우도 있었다. 하지만 대부분의 회원들은 지극히 착한 분들이며 소중한 나의 인연들이다. 내가 그분들을 어떻게 모른 체한단 말인가.

그분들의 얼굴이 생각나서 가만히 있을 수 없었다. 희망을 드려서 웃음을 선사하고 싶었다. '이 세상에 박정수라는 사람이 있고, 아무리 어려운 환경에서도 신뢰와 의리를 저버리지 않는 사람도 존재하는구나'라는 것을 알려드리고 싶었다.

세 번째는 자유 때문이다.

내가 부자가 되고 싶었던 가장 큰 이유다. 『부동산 투자 100문 100답』에서 나는 자유를 세 가지로 분류했다. 시간적 자유, 경제적 자유, 선택적 자유.

하루 24시간을 내 맘대로 쓸 수 있어 얼마나 좋은지 모른다. 누구를 돕거나 뭔가를 사고 싶을 때 내 맘대로 할 수 있어 이 또한 얼마나 좋은 지 모른다. 내 인생을 내 맘대로 선택할 수 있어 감사하다.

이 소중한 자유를 잃는 게 싫었고 두려웠다. 내가 무슨 잘못을 했기에 이런 자유를 잃어야 한단 말인가? 자유를 얻고 싶어서 지난 10여 년간 숱한 고생이란 고생은 다 했는데 말이다. 자유를 누려본 사람은 자유의 소중함을 잘 안다. 자유를 빼앗길 거 같은 느낌이 들 때 그것을 지키기 위해 지극히 노력할 수밖에 없다. 나에게 자유는 그런 것이다.

네 번째 이유는 내 자신이 '쪽팔려서'이다.

나는 전작들을 통해 갭투자라는 단어를 우리나라에 처음 전파시켰고, 갭투자가 부동산 투자 중에 최고임을 명백히 밝혔다. 갭투자를 소개하여 열심히 사는 선한 사람들에게 큰 희망을 드리고 싶었다. 그런데 의도와는 다르게 부메랑이 되어 내 목을 조이는 결과를 초래하였다. 결국 금전적인 손해를 넘어 자칫 망할 수도 있겠다는 생각까지 들었다. 여기까지 이르니 정말 쪽팔렸다. 다른 사람에게 쪽팔린 게 아니라 내가 내 자신에게 쪽팔렸다.

다른 사람의 투자 방법을 따라 해서 망한다면 내 선택이 틀린 것이니 그럴 수도 있겠다 싶다. 하지만 내가 세상에 나의 투자방법을 알려준 후 내 투자방법인 갭투자가 전국적으로 엄청나게 확산되어 그것 때문에 내가 망한다니, 도무지 납득할 수 없는 일이다. 결론적으로 내가 나를 죽이는 꼴이 아닌가?

쪽팔려서 참을 수 없었다. 세상 사람들에게 "박정수라는 사람처럼 하루하루 열심히 살면서 이런 방법으로 투자하면 성공할 수 있습니다"라고 외쳤는데, 시간이 지나 도리어 내가 망한다면 나로서는 그 쪽팔림을 감당할 재간이 없다.

그래서 발버둥 쳤다. 쪽팔리지 않기 위해 갖은 방법을 동원해서라도 살아남아야 했다. 그래야 내 자신에게 용서가 될 수 있으니까.

11

최고의 전문가를 만나라는 것이다

역전세! 참 무서운 말이다. 부동산 투자자에게 호환마마보다 무서운 것이 바로 이 역전세라는 단어다. 앞서 언급했듯이 대한민국 부동산 역사상 역전세가 미미하게 발생한 적은 있지만, 이번처럼 전국적으로 두드러지게 나타난 것은 처음이다. 많은 집주인들이 경악하고 있고, 정부마저도 대출을 강력하게 규제하고 있어 집주인 및 세입자들의 피해도 크게 염려되는 상황이다.

집주인들은 세입자의 보증금 반환 요구에 대응할 능력이 없어 결국 자기 소유의 아파트를 포기하고 경매로 이어지는 경우가 부지기수로 발생하고 있으며, 세입자와의 극한 마찰로 인해 전세금반환소송도 급증하는 추세다. 투자자들에게는 절망스러운 상황이 아닐 수 없다.

그렇다면 역전세를 극복할 방법이 없단 말인가? 아니다. 방법은 있기 마련이다. 나는 이미 나의 강의를 듣는 분들에게 내가 발견한 여러 가지 '역전세 해결방안'을 설명하고 있다. 강의를 듣기 전에는 모두들 '정말 효과가 있을까' 하는 의문을 가지지만, 막상 강의를 듣고 나면 넋이 나간 사람들이 돼버린다.

내가 마련한 '역전세 해결방안'은 수개월 동안 이룩해낸 피와 땀의 결과물이다. 그 방안이 나오기 전까지 나 역시 수십억 원의 전세가 하락을 맞아야만 했다. 그러던 와중 대부분의 투자자들은 역전세를 이겨내지 못하고 포기하고, 많은 부동산 카페들이 문을 닫았다. 하지만 나는 끝까지 포기하지 않았고, 오히려 도전한 끝에 해결방안을 찾았으며, 실제로 해결해 가고 있다.

거대한 파도에 휩쓸리지 않을 개인은 많지 않다. 하지만 세상에는 나처럼 아무리 어려운 문제도 해결하고 마는 최고의 전문가들도 존재한다. 세상에 어찌 박정수라는 사람 하나만 이런 획기적인 방법들을 알고 있겠는가? 분명 나보다 더 많은 방법을 알고 있는 사람들도 있을 것이다.

결국 스스로 해결할 수 없다면, 문제를 해결해 줄 전문가를 반드시 만나야 한다. 전문가를 만나는 데 얼마나 많은 금액이 들지는 모르겠으나 역전세를 해결할 방법을 알게 된다면 최소 수천만 원에서 많게는 수십 억을 아낄 수 있으며, 평생 써먹을 수 있는 노하우도 터득하게 된다.

그러니 어렵고 힘들다고 포기하지 말고 무조건 최고의 전문가를 하루라도 빨리 만나기 바란다. 어떤 사람은 전문가를 만나 인생이 송두리째 바뀌기도 한다. 역전세 해결이 문제가 아니라 부자로 가는 티켓을 거머쥘 수도 있다는 것이다.

그런데 실제로는 많은 사람들이 몇 십만 원에서 몇 백만 원하는 수업료는 엄청나게 아까워하면서, 정보가 없어 손해를 보는 몇 천만 원은 쉽게 생각하는 경향이 있다. 아마도 몇 십만 원은 당장 내 지갑에서 나가야 하고, 몇 천만 원은 눈에 보이지 않기 때문일 것이다. 그런 마음이 든다 하더라도 좀더 냉정히 경제적으로 사고할 필요가 있다. 문제를 해결할 수만 있다면, 그까짓 수강료는 아까운 돈이 아니다. 또한 역전세 해결을 넘어 평생 써먹을 노하우까지 얻는다는 이점이 있다.

1%의 부자들은 부를 얻을 수만 있다면 큰 비용이 들더라도 최고의 정보와 방안을 얻기 위해 기꺼이 돈을 지불한다. 나 역시 그렇게 살아왔다. 소탐대실하는 99%가 되지 말고, 마중물을 써서 물줄기를 뽑아내는 1%가 되기를 바란다.

역전세를 맞이한 세입자의 탈출구

　전국적으로 번지고 있는 무시무시한 역전세 현상은 집주인뿐만 아니라 세입자들도 잘 알고 있으리라 생각한다. 뉴스와 신문에서도 매일 관련 기사가 쏟아지고 있다. 역전세를 당한 세입자분들도 많이 당혹스러울 것이고 보증금을 제대로 받지 못할까봐 두려울 것이다. 세입자 입장에서는 전 재산이나 다름없을 텐데 얼마나 걱정되겠는가?

　세입자분들에게도 하나의 팁을 드리고자 한다. 조금이나마 도움이 되기를 바라는 마음이다. 부동산 투자란 집주인만 좋고 세입자는 피해를 보는 방식이 되어서는 안 된다. 세입자에게도 이익이 되거나 안심이 될 수 있게 도와드리는 것이 부동산 투자의 기본이 아닐까 한다.

현재 나를 포함한 대부분 집주인들의 마음은 이렇다. 문재인 정부가 들어서고 나서 부동산 규제가 워낙 심해 집주인들은 세입자들과의 문제에 있어서 뒤로도 못가고 앞으로도 못 가는 진퇴양난에 빠져 있다. 역전세로 인한 세입자와의 문제, 대출이 거의 다 막힌 상태에서 새로운 세입자를 구하지 못해 발생하는 기존 세입자와의 문제, 주택임대사업자라면 팔고 싶어도 팔 수조차 없는 상황 등 동서남북 어디로도 출구를 찾지 못하고 있다. 나 역시 똑같은 상황이었기에 수없이 고민하다가 임차인에게 빌다시피 한 마음으로 아래의 방법을 고안하게 되었다. 그래서 이렇게 버티고 있다.

책임을 회피하기 위해 내 소유의 아파트를 한 채라도 경매에 넘긴 적이 없고, 어떻게 해서든 세입자에게 손해 끼치지 않기 위해 이자라도 주면서 이 시기를 버티고 있다. 혹시 당신이 세입자라면 집주인의 입장도 생각하면서 이 내용을 봐주셨으면 한다.

전세 만기가 되었지만 아직 이사 갈 계획이 없는 경우

현재 전세로 살고 있는 세입자가 보증보험에 가입하지 않은 상태에서 전세금 하락을 맞이하고 있고, 집주인으로서는 떨어진 보증금을 가지고 있지 않아서 세입자에게 지불하기 힘들다면, 세입자는 어떻게 해야 할까?

① 먼저 이사는 가고 싶은데 이사 갈 곳이 아직 정해지지 않았다면 집

주인에게 이렇게 요구하자. 집주인과 현재 전세금액으로 전세재계약을 하되 전세기간은 1년 이상이 되는 것으로 하자. 그리고 보증보험을 가입하자. 보증보험은 전세기간이 적어도 1년 이상이 되어야 가입이 가능하니 전세 재계약서도 1년 이상으로 잡아야 한다. 대신 매월 납입하는 보증보험료는 집주인에게 내달라고 하자. 전세하락이 심한 상태에서 세입자가 지금 이사를 가겠다는 게 아니라 집주인과 원만히 해결하기 위해서 1년 더 살 계획이고, 대신 보증보험료를 내달라고 하면 고마운 상황이다. 그리고 1년 뒤 당당히 보증보험을 신청해서 아무 문제없이 전세보증금을 받아서 나가면 된다. 이 방법은 어떠한가?

② 어떤 세입자는 집주인에게 위에서 말한 보증보험료를 내달라고 하는 게 아니라, 예를 들어 전세시세가 4천만 원 내려갔다면 그 4천만 원의 매월 4% 정도의 이자를 달라고 하는 경우도 있다. 그리고 보증보험은 자기가 내겠다고 한다. 4천만 원의 이자가 4%라면 1년에 160만 원이고 이 금액이면 보증보험료를 자기가 내더라도 돈이 남으니 이 방법을 쓰는 것이라 생각된다. 금전적으로 보면 세입자에게 좋은 방법이다.

③ 어떤 세입자는 집주인에게 떨어진 전세금의 이자도 내달라고 하고, 보증보험도 가입해 달라고 한다. 내가 볼 때 이런 세입자는 양심불량이다. 부끄러운 말을 당당히 내뱉는 세입자가 있는데, 주변에 이런 경우가 있다는 말을 듣고 한참을 웃었다. 세상은 돌고 돈다. 상대의 입장

을 고려하지 않고, 내 주장만 고집스럽게 반복하면 언젠가는 자신도 똑같은 상황에 처하게 된다. 존중하고 이해하는 마음을 가져야 나도 존중받고 이해받을 수 있다. 부자들이 그런 억지를 써서 부를 쌓았다고 생각하는가? 아니다. 인간관계를 깨면서까지 돈에 집착하면 절대 부자가 될 수 없다. 아량을 베풀어 이자만 받거나 보증보험료를 요구하면 된다.

④ 떨어진 전세 하락분을 무조건 돌려달라고 요청하는 세입자도 있다. 아무리 부탁을 해도 요지부동 입장을 바꾸지 않는다. 이사 갈 계획이 없는데도 무조건 떨어진 전세금을 달라고만 하고 만약 그 금액을 주지 않는다면 이사를 가겠다고 협박 아닌 협박을 한다. 그렇게 말할 수밖에 없는 세입자의 입장도 이해 못하는 바는 아니지만, 그래도 부탁을 드리고 싶다. 집주인도 힘든 상황이니 어느 정도는 좀 이해를 해주자고.

만약 전세 하락분이 3000만 원 정도라면 집주인에게 이 금액 전부를 요구할 게 아니라 천만 원이나 천오백만 원 정도를 돌려달라고 요구하고 나머지는 이자로 받으면 어떨까? 이렇게 하면 집주인도 좋고, 세입자도 좋지 않을까? 서로가 돕고 살면 나중에 그 복이 다 당신에게로 돌아온다. 그리고 다시 집주인과 새로운 전세계약서를 작성하고 보증보험을 가입하자.

전세 만기가 되었고 새로운 세입자를 구하지 못한 상태에서 이사를 가야 하는 경우

기존 전세를 살고 있는 아파트에 임차권 등기를 하고서 이사를 간다. 대신 이렇게 하면 세입자가 이사를 가는 비용을 모두 다 준비해야 하기 때문에 비용부담이 상당히 크다.

① 집주인에게 기존에 살고 있던 아파트에 대출을 받아서라도 기존의 전세보증금의 일부를 요청해서 받고, 나머지는 새로운 세입자가 구해질 때까지 기다렸다가 그 이후에 받자. 세입자인 당신도 이렇게 전세금을 다 받지 못하고 이사를 하는 바람에 은행이나 다른 금융회사에 이자가 발생할 테니 그 이자비용에 대해서는 집주인에게 요청하자. 그리고 혹시나 새로운 세입자가 계속 구해지지 않을 수도 있으니 기존 살던 아파트에 집주인이 받은 대출로 인한 근저당 뒤에 후순위로 1년 이상의 전세계약을 한 뒤 전입신고를 해놓는다. 또한 이렇게 전세계약을 한 뒤 보증보험 가입은 필수이다. 그러면 1년 이상 새로운 세입자가 들어오지 못했을 때 이 보증보험을 통해서 나머지 금액을 받을 수 있다. 만약 세입자의 개인적인 문제로 기존에 살던 아파트에 후순위로 전입신고가 되지 않는다면 후순위로 근저당권을 설정하거나 전세권을 설정해놓자. 그러고서는 집주인에게 이 설정에 필요한 비용을 받고 이후에 이자를 받으면 된다.

② 만약 정부의 대출규제로 인해 기존에 살던 아파트의 집주인이 대출을 받기 어려울 때에는 세입자가 이사 가는 아파트의 대출을 받고서라도 모든 필요 금액을 준비해야 한다. 물론 그 과정이 쉽지는 않을 것이다. 이렇게 새로운 아파트로 이사를 감으로써 필요한 모든 이자비용을 전 집주인에게 요청한다. 그리고 그 이자를 매달 받을 게 아니라 6개월 또는 1년 치를 한꺼번에 받는 게 좋다. 또한 기존에 살던 아파트에는 임차권 등기를 해서 당신의 전 보증금을 보호받는 게 필요하다. 그리고 기존 아파트에 새로운 임차인이 들어올 때 당신의 전세보증금을 받도록 하자.

③ 위의 2가지 방법을 이용해서 전세보증금을 모두 다 돌려받으면 좋지만, 일부를 받지 못했을 경우가 생길 수도 있다. 그럴 때는 집주인을 만나 서로 협의를 하면서 집주인이 거주하거나 또는 다른 소유한 아파트에 당신이 돌려받지 못한 일부 전세보증금에 대한 근저당권을 설정해서 그 금액에 대해서 보호를 받되, 매월 그 금액만큼 이자를 받도록 하면 좋지 않을까 한다. 이렇게 하면 집주인과 세입자 간 갈등 없이 잘 해결될 수 있을 것이다.

이 방법 외에도 해결 방법은 더 많을 것이다. 그리고 세입자 분들에게 부탁이 있다. 나도 다주택자로서 세입자분들에게 바로 전세금을 돌려주지 못하는 경우도 많다. 한두 달 기다려달라고 세입자에게 부탁도 많이 한다. 당연히 세입자분들도 힘들 것이다.

만약 집주인이 전세보증금을 돌려줄 의지가 하나도 보이지 않고 배째라는 식으로 나온다면 세입자의 입장에서는 당연히 법적인 방법 즉 전세보증금반환소송을 진행해야 한다. 하지만 집주인이 전세보증금을 돌려드리려 노력하는 와중에도 집주인과 대화는 사절하고 막무가내로 전세보증금반환소송을 진행하는 세입자분들도 있다.

제발 이러지는 말자. 집주인에게도 일정 부분 시간을 좀 줘야 하지 않을까? 사람이 살아가면서 서로 어느 정도 양해도 하고, 도움도 받을 수 있는 것이 아니겠는가? 소송을 진행하다 보면 집주인이나 세입자나 모두 극도의 스트레스를 받게 되고, 마음의 상처 또한 상당하다. 꼭 그렇게까지 할 필요는 없다고 생각한다. 대화와 협상을 통해서도 충분히 좋은 결과를 얻을 수 있다. 게다가 요즘은 '주택임대차분쟁조정위원회'라는 기관이 존재하니, 당사자 간 협상이 원활치 않으면 이곳을 이용하는 것도 좋은 방법이다.

13
세입자가 무조건
전세금반환소송으로 진행한다면

세상은 대부분 선하고 착한 사람들로 구성되어 있지만, 때로는 '악덕' 이라는 딱지를 붙여야 할 사람들도 분명 존재한다. 앞서 예로 든 집주인 과 대화조차 하지 않고 소송부터 제기하는 사람들이 대표적이다. 물론 집주인 중에도 악덕이 있어서 세입자를 의도적으로 힘들게 한다. 이런 악덕 집주인을 상대로는 소송을 제기해야 한다. 대신 집주인이 나와 비 슷한 선량한 시민이라면 내가 먼저 악덕 세입자가 되지는 말아야 한다.

이런 경우도 있었다. 아파트 전세만기가 다가오는데 새로운 세입자가 구해지지 않아 아내가 기존 세입자에게 연락하여 2달 정도만 기다려달라고 했고, 그래도 새로운 세입자가 맞춰지지 않으면 어떻게 해서든 전세보증금을 돌려드리겠다고 약속했다.

그런데 며칠이 지났을까. 법원에서 서류가 도착했다. 세입자가 소송을 진행하고 있단다. 아니, 분명히 2달 정도 기다려준다고 했는데 말이다. 세입자에게 연락했더니 그냥 기다리는 것도 좀 그렇고, 소송을 해야 집주인에게 돈을 더 많이 받아낼 수 있다는 인터넷을 보고 그랬다고 한다.

어떤 변호사는 요즘의 부동산 시장에 편승해서 집주인에게서 꼭 보증금을 받아낼 테니 자기에게 소송을 맡기라며 고액의 수임료를 소송 시에 요구하기도 한다. 실세 전세금반환소송의 수임료로 1,100만 원까지 요구하는 경우를 몇 차례나 보았다. 아주 간단한 소송인데 1,100만원의 수임료라니 정말 어처구니없는 금액이다.

일반인들이 법적인 문제에 취약하다는 점을 이용해 전세보증금 반환에 따르는 모든 제반 비용, 변호사 수임료, 게다가 전세보증금의 15% 이자 등 말도 안 되는 수많은 종류의 비용을 소송 시에 요구한다. 이런 일을 처음 당하는 집주인이라면 눈뜨고 당할 수도 있다. 그래서 나도 이런 사항에 대해서 우리 회사 전속변호사와 대책을 논의했다. 그 결과는 이렇다.

① 원칙적으로는 전세금반환소송 시 변호사 비용은 그 소송에 포함되지 않는다. 전세금반환소송은 전세금을 반환받고자 하는 목적이므로 전세금과 일정의 이자를 받는 것으로 판결이 난다. 그러므로 변호사 비용

등은 각자 부담하도록 되어 있다. 하지만 판결 이전 집주인과 세입자 간에 조정절차를 통해 변호사 비용의 일부를 집주인이 부담해서 원만히 조정을 마치는 경우도 많다.

② 전세금 반환 소송에서 세입자들은 전세보증금의 15% 이자와 변호사 비용 일체를 요구하는 경우가 있다. 그러나 이것 또한 틀리다. 소송을 진행할 때 판결이 나기 전까지는 법적 연체이자는 5%이다. 그 이후 법원에서 판결이 난 이후에는 15%이다. 그러니 판결이 나기 전에 해결이 된다면 보증금 연체에 대한 최대 이자는 5%이다.

③ 법원에서 소송 진행 중이라는 소장(訴狀)을 받는다면, 그 안에는 당신에게 언제까지 법원으로 출석해 달라는 내용이 있을 것이다. 그러면 당신이 바로 해야 할 일이 있다. '중재 조정 신청'을 하고 싶다는 답변서 또는 준비서면이라고 제목을 달아서 담당 법원에 보내자.

또는 소장 맨 뒤에 답변서라는 양식이 있는데 그 양식에 '집주인으로서 본인은 세입자에게 보증금을 돌려주고자 하는 의지가 확실하나, 현재 부동산 시장이 극도로 좋지 못해 세입자를 구하지 못해 돌려주지 못하고 있는 것이니 세입자를 구할 수 있는 시간을 좀 달라, 그리고 중재조정신청을 하고 싶다'고 보내면, 법원에서는 집주인의 상황을 파악하고 그에 맞게 중재조정위원회를 개최하거나 화해조정결정문을 보내준다.

중재조정위원회의 날짜가 잡히면 그날 위원회에 출석하면 되고, 법원의 화해조정결정문을 받고서 집주인으로서 내용에 문제가 있다고 생각되면 법원에 이의신청을 하면 된다. 이후 세입자도 별 이의신청을 하지 않으면 법원은 결정문대로 시행한다.

이렇게 하면 법원에서도 집주인이 당면한 현재의 어려운 입장을 상당히 인정하고, 세입자에게는 어느 정도 집주인의 입장을 이해하도록 유도한다.

하지만 이들보다 더 좋은 방법은 집주인과 세입자가 웃는 얼굴로 해결하는 것이다. 소송으로 진행된다는 것 자체가 스트레스고, 상대방에 대한 미움이 생기기 때문에 두 당사자가 먼저 협상으로 좋은 결과를 만들자.

나 박정수의 주장은 완전히 틀린 게 있다

나는 초보자들도 재밌게 읽고 쉽게 이해할 수 있도록 『부동산투자 100문 100답』과 『나는 갭투자로 300채 집주인이 되었다』를 집필했다. 그 책들에서 밝힌 투자법에도 큰 자신감이 있었다. 과거 15년 동안 쌓아온 투자 경험의 결정체였기에 오류는 있을 수 없다고 확신했다. 나는 수없이 많은 실패를 통해 투자를 배웠고, 이를 바탕으로 독자들만큼은 실패 없이 투자할 수 있게 만들 수 있다고 믿었다. 그리고 이 점을 전작들에 밝혔다.

그런데 결론적으로 전작에 기술했던 나의 몇 가지 주장들은 틀리고 말았다. 스스로도 당혹스러울 정도였다. 고백하는 마음으로 틀린 내용들을 살펴보겠다.

갭투자를 하면서 역전세는 거의 없을 것이다

전작에서 나는 열심히 사는 사람들이 빠른 시간 안에 성공을 하려면 무조건 갭투자를 해야 한다고 역설했다. 역전세 같은 것은 거의 발생하지 않을 테니 제발 걱정 말고 투자하라고 목 놓아 외쳤다. 내가 15년 정도 투자했을 때 경제가 아무리 좋지 않거나 공급이 아무리 많다 해도 매매값 조정은 있었을지언정 전셋값 조정은 거의 찾아보기 힘들었기 때문이다. 그래서 자신 있게 주장했었다.

그런데 내 예상은 보기 좋게 빗나가고 말았다. 전작이 출간되고 난 이후 결과는 정반대로 나타났다. 엄청난 역전세의 파도가 전국을 휩쓸었다. 나의 전작이 너무 많이 시중에 알려진 게 문제였다. 많은 사람들이 내 책을 읽고서 부동산 갭투자 시장에 뛰어들었고, 책 내용을 바탕으로 투자하려는 부동산 카페들이 우후죽순처럼 생겼으며, 이 카페들에서 고객을 모시고 버스를 타고 다니면서 유망한 지역의 아파트들을 쇼핑하듯 하루에 수십 채씩 구입하면서 부동산 시장에 일대 교란이 일었다. 그 결과 역전세 금액 또한 한 개인이 감당할 수 없을 정도인 경우도 생겼으며, 많은 이들이 고통 받게 되었다.

지방에 산업단지가 존재하는 아파트에 투자하라

전작에 쓴 나의 이 주장도 틀리고 말았다. 대기업이나 중견기업들이 지방에 산업단지를 한번 만들게 되면 그 산업단지의 생명력은 거의 100년 이상 될 거라고 주장을 했고, 그럼과 동시에 그 산업단지 주변에 존재하는 아파트 시장은 큰 힘을 가지고 있을 거라고 주장했다.

그러나 이 말도 여지없이 틀린 말이 되어버렸다. 우리나라 제조업의 급격한 몰락으로 지방 산업단지에 존재하던 대기업의 거대한 생산기지가 외국이나 수도권 같은 지역으로 이전하는 바람에 그 도시의 인구가 갑자기 줄어들었고, 그로 인해 그 지역 아파트의 매매가와 전셋가가 동반해서 크게 하락하는 결과가 초래되었다. 제조업 경기가 어려울 수도 있다는 예상은 어느 정도 했지만, 이처럼 급격한 몰락은 예상하지 못했다.

'지금 제조업이 어렵다'와 '공장이 아예 다른 곳으로 이전했다'는 차원이 다른 문제다. 단순한 어려움은 시간이 지나면 다시 회복되지만 지금 진행되는 제조업의 붕괴는 일시적 현상이 아니다. 대한민국이 내세울 만한 제조업으로는 조선, 반도체, 자동차 등이 있는데, 이러한 제조업이 이렇게 단시간에 무너질 줄 누가 알았겠는가?

수도권 역세권에 존재하는 아파트는 내성이 강하다

역세권이란 전철역에서 걸어서 5~10분 사이의 아파트 단지를 말한다. 그러한 아파트가 700세대 이상이라면 나의 경험상 아무 위험이 없으리라고 자부했다. 그러나 웬걸, 갭투자자들의 수도권 역세권 아파트

싹쓸이 쇼핑이 있었고, 그 반작용으로 아파트 물량이 한꺼번에 전세시장에 나오면서 전세가의 급격한 하락을 경험하게 되었다. 지극히 안정적인 보루라 생각했던 수도권 역세권 아파트도 하락을 피할 수 없었다. 정말 나로서는 짐작도 못한 일이었다.

전세보다 월세 시장이 늘어날 것이다

이 또한 틀린 말이 되어버렸다. 부동산 전문가들은 시간이 가면서 우리나라의 전세시장은 점점 사라질 거라 예측했고, 나의 부동산 투자도 전세가 귀해질 것이라는 예상을 바탕으로 했던 게 사실이다. 그러나 내 전작들의 영향으로 엄청나게 많은 투자자들이 전세를 끼고 갭투자를 함으로써 월세로 전환되어야 할 아파트들이 거의 다 전세로 전환되어 버렸다. 즉 전월세 시장에 완벽한 왜곡이 일어난 것이다.

대한민국 부동산의 미래?

나는 학자도, 부동산 전공자도 아니다. 방대한 자료를 가지고 부동산을 연구하고 발표하는 사람도 아니다. 나는 그저 맹렬한 긍정적인 사고를 가진 일반 부동산 투자자일 뿐이다. 투자도 한두 채의 아파트를 하는 게 아니라 15년 정도 동안 300채의 아파트를 구입하고 그것을 주택임대사업으로 운영하는 사업가이기도 하다.

나는 서민들에게 양질의 주택을 공급하여 국가에 도움이 되는 일을 한다는 철학을 가지고 있기에 내가 소유한 대다수의 아파트를 주택임대사업으로 등록하였다.

나는 그런 투자자다. 사리사욕만 챙기는 단타 투자자도 아니요, 주식 투자자도 아니요, 금이나 은을 투자하는 사람도 아니요, 오직 정부가 해야 할 일을 대신하는 사업을 하면서 자부심도 가지고 사는 사람이다.

그동안 출판사나 방송국으로부터 대한민국 부동산을 예측해 달라는 요구를 여러 차례 받았지만, 그럴 때마다 부동산을 감히 예측한다는 것은 지극히 건방진 행동이라고 단언하며 거절했다.

한 가지 물어보자. 불과 몇 년 전 박근혜 정부는 일반 국민들을 대상으로 부동산 투자를 적극적으로 장려하면서 많은 지원을 했다. 그래서 부동산 가격이 크게 오르고 많은 사람들이 아파트를 사려고 혈안이 되어 있었다. 그런 상황에서 지금과 같은 부동산 침체를 어느 전문가가 예상할 수 있었겠는가? 박근혜 정부 시절의 부동산 칼럼을 보면 온통 장밋빛 내용이었다.

그런데 문재인 정부 들어서 갑자기 서울의 아파트 가격이 크게 올랐고 그 와중에 박원순 시장이 용산 및 영등포를 통으로 개발하겠다고 발표하면서 서울 아파트 가격에 기름을 부었다. 폭등이 일어난 것이다. 이런 일련의 상황을 예측했던 전문가도 없었고, 또한 얼마 지나지 않아 문재인 정부의 강한 규제정책으로 갑자기 부동산 시장이 침체를 겪으리라고 예측한 전문가도 거의 없었다. 게다가 지금 전국적으로 퍼진 역전세 현상을 예측한 사람이 과연 몇이나 될까? 오히려 3~4년 전만 해도 아파트 전세가가 폭등해서 모두 놀라지 않았던가.

나는 대한민국 부동산 예측은 거짓말이거나 부질없는 일일 뿐이라고 생각한다. 물가는 오르게 되어 있고, 좋은 아파트도 오르게 되어 있고, 전세가도 오르게 되어 있다. 상식적으로 이 말이 맞다. 그런데 어느 지역이 좋을 것이다, 어느 아파트가 좋다는 주장이 과연 맞는 말인가? 맞을 수도 있지만, 맞지 않을 수도 있기 때문에 함부로 신뢰할 수 없다. 맞으면 좋고 맞지 않으면 어쩔 수 없다는 논리는 사상누각일 뿐이다.

그래서 나는 예측하지 않는다. 능력도 안 될뿐더러, 그 분야는 애널리스트의 영역이므로 침범하고 싶은 마음이 없다. 대신 돈에 대한 지극히 일반적인 사항을 나의 생각에 비춰 예측해 보고자 한다.

시간이 갈수록 돈의 가치는 떨어지고 물가는 크게 오를 것이다

누구나 다 아는 이야기다. 자본주의 사회에서 가장 무서운 것이 디플레이션이라고 한다. 디플레이션이 발생하면 경제는 완전히 망한다고 봐도 된다. 물가가 계속 떨어지는 디플레이션 시대에서는 어느 누구도 상품을 쉽게 사려고 하지 않는다.

예를 들어 오늘은 100만 원짜리 TV가 다음 달에는 90만 원이고, 그 다음달에는 80만 원이라면 누가 오늘 TV를 사겠는가? 부동산도 마찬가지다. 오늘은 3억인데 다음달에는 2억9천이고 그 다음달에는 2억8천이라고 한다면 누가 그 부동산을 사겠는가? 디플레이션 하에서는 공급자도 물건 만들기를 주저한다. 가격은 계속 하락하고 수요는 없는데 누가 물건을 만들 수 있을까? 결과적으로 디플레이션이 지속되면 국가 경제 체제는 완전히 망가지고 만다.

정부라고 이 사실을 모를 리가 없다. 오히려 너무 잘 알아서 문제다. 너무 잘 알기에 정부는 물가를 조금씩이라도 올리려고 하고, 돈의 가치를 계속 떨어뜨리기 위해 노력한다. 이렇게 돈의 가치를 떨어뜨려 물가를 계속 올리기 위해 정부는 시간이 지날수록 더 많은 화폐를 찍어내고, 은행 대출 문턱을 낮추게 되어 있다.

만 원을 들고 대형마트에 가면 불과 2년 전에는 이만큼 살 수 있었는데, 지금은 쥐꼬리 정도밖에 못 산다. 이런 현상은 누가 만들었을까? 바로 자본주의를 운영하고 있는 정부가 주도한 일이다. 정부가 주도하고 한국은행이 그 역할을 대신하는 방식이다. 한국은행의 중앙 로비에 쓰여 있는 구호인 '물가안정'이라는 뜻은 올해도, 내년에도, 그 다음 해에도 천 원짜리 물건이 계속 천 원이어야 한다는 게 아니라, 물가라는 것을 끊임없이 완만하게 계속 올리겠다는 의미이다. 그래야 국가경제가 돌아가기 때문이다.

따라서 물가는 절대로 떨어지지 않는다. 지금의 천 원이 백 원 가치로 떨어지는 날이 반드시 온다. 백 원짜리 동전이 지금은 시중에 잘 보이지도 않을 뿐더러 요즘은 오백 원 주화도 잘 쓰이지 않는다. 1000원을 1원으로 화폐개혁을 하자는 주장이 나오는 이유도 여기에 있다. 그만큼 물가는 계속 오르는 것이다. 절대 그 흐름을 막을 수 없다.

또한 선진국이 될수록 경기는 침체되기 마련이다. 경기가 침체되는데 있어 정부가 해결할 수 있는 방법이라는 것도 돈을 계속 찍어내고 발행하는 것 말고는 대안을 찾기가 힘들다. 돈을 계속 찍어낸다는 것은 다시 말해 물가가 계속 오를 수밖에 없다는 의미다.

특히 문재인 정부가 시작된 이래로 대한민국 경제상황은 계속 나빠지고 있고, 국민들도 피부로 몸소 느끼고 있다. 이런 상황에서 정부는 경제를 살리는 데 모든 초점을 맞출 것이고, 경제를 살리기 위해서는 막대한 돈을 시중에 풀 것이다. 그러면 물가는 또 크게 오른다.

실물자산의 가격은 계속 오를 것이다

내가 가진 아파트 중에 지방의 일부 아파트는 10년 전 가격이나 지금이나 가격이 동일하다. 10년 전에 6천만 원이었는데 지금도 6천만 원이다. 가격이 떨어지지 않았으니 그나마 다행인 일인가? 전혀 그렇지 않다. 10년 전 6천만 원은 정말 큰 금액이었다. 하지만 지금은 그때에 비하면 초라한 수준의 가격이다.

실물자산의 가격은 오른다고 했는데 그렇다면 이 아파트는 딴 세상의 아파트인가? 내가 말하고자 하는 실물자산은 희귀한 자산을 말한다. 만약 교통도 별로 좋지 않고 주변 환경도 나빠 사람들에게 별로 인기가 없는 아파트라면 이를 두고 희귀자산이라고 말할 수 있을까? 아니다. 이건 희귀자산이 아니라 기피자산이다. 누구도 이런 아파트를 구입하고 싶어 하지 않는다.

그렇다면 희귀자산이란 무엇인가? 실물자산 중에 예를 들면 금과 은이 희귀자산이다. 금과 은은 공급에 한계가 있기 때문에 물가가 상승하는 만큼 계속 오를 수밖에 없다.

빈티지 앰프를 희귀자산이라 생각하고 모으는 사람을 보았다. 수십 년 전에 만들어진 것인데 요즘에 와서는 희귀하고 쉽게 구할 수도 없어서 시간이 가면 갈수록 수요가 많아져 가격이 크게 오른다고 하면서 이런 빈티지 앰프로 재테크를 하는 사람이었다. 이 또한 희귀자산이라고 할 수 있겠다.

하지만 벤츠, BMW 같은 자동차는 희귀자산이 아니라 부채이다. 시간이 갈수록 가격이 떨어지게 되는 부채 말이다. "자산은 나의 호주머니에 돈이 들어오게 하는 것이고 부채는 나의 호주머니에서 돈이 나가게 하는 것"이라는 로버트 기요사키의 말처럼 말이다.

우리나라 부동산에서 희귀자산은 어떤 게 있을까? 당연히 서울에 위치한, 특히 교통이 좋은 지역의 아파트도 그 하나의 예일 것이다. 하지만 모두 잘 알다시피 서울의 아파트는 사려면 엄청나게 큰 금액이 들어가야 한다. 쉽게 살 수 있는 물건이 아니요, 투자 대상으로는 너무나도 고가의 물건이다.

자금이 많다면야 당연히 서울 역세권의 아파트, 특히 2호선 라인을 따라 존재하는 역세권 아파트가 좋은 투자 대상이다. 그러나 그게 어디 일반인이 투자하기 쉬운 곳인가? 적어도 몇 억은 있어야 할 텐데 말이다.

참고로 나는 6년 전에 서울 강남에 위치한 오피스텔을 분양받은 적이 있지만 지금의 가격은 그때보다 떨어진 상태이다. 그 오피스텔은 서울에서 보기 힘든 3억 원 정도밖에 하지 않는데도 가격이 오르지 않는다. 왜 그럴까? 교통이 좋지 못하고 주변에 학교시설이 멀리 있기 때문이 아닐까?

서울에 존재하는 부동산이라고 다 희귀자산은 아니다. 아무리 서울에 있는 아파트와 오피스텔이라고 하더라도 교통이 최우선으로 좋아야 한다. 서울 아파트와 오피스텔에 투자하려면 무엇보다 교통을 가장 먼저 고려해야 한다.

서울이 어렵다면, 어느 곳의 희귀자산을 공략해야 할까? 서울을 대체할 투자처로써 적은 자본으로 투자하려면 수도권에서 전철 노선이 잘 이어져 교통이 아주 좋은 곳, 주변에 문화시설이 많은 곳, 주변에 좋은 학교가 있는 곳 등을 위주로 찾아봐야 한다.

이런 곳은 수도권 지도만 봐도 쉽게 찾을 수 있다. 이런 지역은 희귀 자산이라고 생각해도 충분할 것이다. 특히 주변에 아파트를 새로 지을 땅이 없다면 금상첨화다. 아파트를 지을 땅이 없다면 당연히 신규 아파트 공급이 없을 테니 공급과잉 문제를 피할 수 있다.

수도권은 분명히 큰돈을 들이지 않고 아파트를 구입할 수 있다. 또한 지금처럼 부동산 침체기에서는 희귀자산이 될 수 있는 아파트가 아주 싼 가격에 널리고 널려 있다. 나는 요즘 이런 아파트를 보면 미칠 것만 같다. 저렇게 좋은 아파트가 헐값에 나와도 팔리지 않는 것을 보면 말이다.

시간이 가면 갈수록 수도권으로의 쏠림 현상이 심해질 것이다

지방 부동산의 침체 수준은 대단한 정도이다. 우리나라 부동산 역사를 다시 쓸 기세다. 지방 경제의 몰락, 특히 제조업의 몰락은 상상 이상이다.

조선사는 대규모의 구조조정을 단행했고, 자동차 산업도 그 대열에 합류했다. 지방에 거주하던 많은 사람들이 직장을 찾아 수도권으로 이주했다는 신문기사도 본 적이 있다. 지방 부동산이 언제 어떻게 다시 오를지는 누구도 예측하기 힘들다.

그렇다고 투자를 하지 말아야 할까? 아니다. 투자는 계속되어야 한다. 단, 지금 같은 경제상황에서는 지방 인구의 수도권으로의 인구 쏠림은 더 빨리 이루어질 것이다. 그렇다면 거기에 맞춰 부동산 투자를 해야 한다. 특히 수도권에 직장군 또는 산업단지가 존재하는 직주근접한 곳에 사람들이 몰리게 되어 있다. 그러니 그런 지역을 위주로 투자하면 된다.

투자자들은 보물을 쉽게 구할 수 있을 것이다

2017년과 2018년은 갭투자 전성시대를 넘어 폭발의 시기였다. 내가 처음 책을 쓰기 전까지는 갭투자라는 말이 시중에 떠돌지도 않았다. 그런데 지금은 갭투자란 단어를 모르는 사람이 없다. 갭투자의 부작용으로 인해 지금은 전국에 역전세 대란이 닥치게 되었다. 그리고 이번에 공포를 경험한 투자자들은 이후 투자시장을 떠날 것이다.

경쟁자가 줄어들면서 제대로 된 투자자의 입장에서는 향후 보물과 같은 아파트를 구입하기가 훨씬 쉬워질 것이다. 그동안 좋은 아파트를 구입하기가 정말 힘들었던 게 사실이다. 아파트 물건이 나왔다 하면 불과 10분도 안 되어 매매계약이 되었던 사례도 많았다. 줄을 서서 아파트를 구입하려는 사람들로 인산인해를 이루었다. 분양아파트가 아니라 일반 아파트 매매인데도 말이다.

그러나 지금 그 많던 투자자들은 온 데 간 데 없다. 사려는 사람은 줄고 헐값에라도 팔려는 사람은 급증했다. 이러한 시장 분위기는 향후 몇 년 동안 계속될 것이라 예상한다. 좋은 아파트를 만족할 만한 가격에 구입할 절호의 기회가 될 수 있다. 가능성 면에서 아주 크다고 생각한다.

부자들은 이런 때에 좋은 아파트를 구입해서 느긋하게 기다린다. 세월을 낚다 보면 어느 시점이 되어 막대한 수익으로 돌아온다는 사실을 너무나도 잘 알기 때문이다. 그러면서 더 큰 부를 이룬다. 안타까운 현실이지만, 이 시기에 서민들의 돈이 부자들의 지갑으로 쓸려들어가는 효과가 발생한다. 자본주의의 아이러니는 항상 반복된다.

16

수도권의 어느 특정 지역이
유망하다고?

　예를 하나 들어보자. 예전에 나는 서울 영등포구 안에 있는 아파트를 구입한 적이 있다. 주변의 부동산 중개사들은 왜 영등포에 위치한 아파트를 사냐고 핀잔을 주었다. 영등포보다는 서울 안에 다른 유망 지역이 많으니 그런 데를 알아보라는 것이다. 전문가들의 칼럼을 봐도 영등포 지역이 유망하다고 말한 사람은 거의 없었다. 왕십리나 당산, 용산, 강남 등을 유망지역으로 이야기했지 내가 투자한 영등포 지역은 누구도 주목하지 않았다.

　그런데 나 자신도 이유를 알 수는 없지만 영등포의 그 아파트가 마음에 들었다. 특별한 이유는 없었다. 그냥 지하철역과 가깝고 직접 가보니 거주하기에도 좋고 게다가 가격이 싸다는 생각이 들었다. 영등포라고 계속 무시만 당하지는 않을 것이라 생각되었다. 몇 년 뒤 그 아파트의 가격은 무섭게 올랐다. 물론 서울의 다른 지역도 많이 올랐지만 이 아파트도 다른 곳 못지않게 많이 올랐다.

수도권도 마찬가지다. 정부가 수도권을 개발할 때 어느 특정 지역만 골라 개발할까? 아니라고 생각한다. 어느 한 지역을 개발하면 시간이 지나서 다른 지역을 또 개발한다. 그래야 균형이 맞기 때문이다. 게다가 수도권에서 특정 지역이 계속 낙후되면 그 지역 주민들의 불만이 커지게 되고 지방정부는 압박을 받게 된다. 따라서 수도권은 균형 속에 개발될 것이다. 그러니 어느 특정 지역만을 가지고 투자 유망지역으로 선정할 필요도 없다고 생각한다.

요즘 수도권에서 가장 뜨거운 곳은 GTX역이 생기는 몇몇 지역이다. 그래서 이 지역 투자를 제안하는 부동산 관련 책들도 있고 강사들도 있다. 그런데 한번 생각해 보자. GTX역이 생기는 주변 지역의 아파트 가격은 적게는 1년 사이에 1억 많게는 2억 이상 오른 곳이 대부분이다. 이 지역 아파트를 구입하려면 상당히 큰 금액이 투입되어야만 한다. 이런 아파트가 정말 투자하기 좋은 아파트일까? 나는 그렇지 않다고 생각한다. 요란한 곳에는 먹을 만한 것이 없지 않겠는가?

투자 목적으로 수도권 아파트를 고른다면 직주근접의 측면에서 바라봐야 한다. 직장 또는 산업단지와 가깝고 인근에 전철역이 있고 교통이 편리하다면 실패 확률은 거의 없을 것이다. 여타 부동산 책들을 보면 수도권에서는 어느 지역이 유망하고, 어느 지역에 호재가 있고, 그러니 그 지역에 관심을 가지라는 주장이 많지만 나는 그와 생각이 다르다. 수도권에서 직장과 근접하고 전철역이 가까운 곳이라면 다 좋은 지역이 아닐까 한다.

경기도 용인의 수지가 예전에는 교통이 좋지 않아 아파트값이 잘 오르지 않는 지역으로 유명했다. 하지만 지금은 전철이 뚫리면서 서울로의 접근성이 크게 좋아져 수지의 아파트 가격이 크게 오르지 않았던가? GTX가 뚫리건, 큰 호재가 있건 간에 직주근접의 교통 좋은 지역 위주로 투자하면 된다.

서울의 아파트는 보물이다

2~3년 전 직원들과 함께 서울 아파트 시장을 분석한 적이 있다. 한두 달 후 직원들이 책과 인터넷, 기사 등에서 얻은 정보를 취합해 보고했다. 내용인즉 "서울은 이제 아파트를 지을 땅도 별로 없어서 공급에 한계가 있고, 재개발, 재건축도 쉽지 않으며, 도시 재생사업이라는 것도 시간이 오래 걸린다. 서울 안에 아파트 공급을 늘릴 수 있는 방법이 거의 없는 것으로 판단된다. 즉, 서울의 아파트는 더욱 더 귀해질 것"이었다. 이는 곧 서울 아파트 가격은 안 오를래야 안 오를 수 없다는 의미다.

언젠가 신문에서 서울 강남에 전세를 살던 사람이 공급이 많아지는 남양주나 구리 쪽으로 이사를 간다는 기사를 본 적이 있다. 그걸 보고 얼마나 웃었는지 모른다. 정말 이런 어처구니없는 기사는 누가 쓰는 것인가?

한번 생각해보자. 서울 강남에 전세를 살려면 적어도 7~8억은 있어야 한다. 그런데 이 사람들이 아파트 가격이 3~4억 정도 하는 수도권으로 이사를 간다고? 강남의 그 좋은 인프라와 교육환경을 그 정도 가격 때문에 포기한다고? 서울에 살면서 어느 정도 돈이 있는 사람이 예를 들어 서울에서 7억 원 이상의 가격을 지불하고 아파트에 거주하는 사람이 서울이라는 최고의 환경을 포기하고 수도권으로 이사를 하는 경우가 얼마나 될 거 같은가? 실제로 거의 없지 않을까? 서울에 살던 사람들은 서울을 벗어나려고 하지 않는다. 이 책을 읽는 독자 중에 혹시 서울 주민이 있다면 지금 내 말에 동감할 것이다. 서울에 살다가 수도권으로 이사를 하라고 하면 쉽겠는가? 아마 절대 안 할 것이다. 그게 바로 서울이다. 수도권으로 이사를 가는 사람은 서울이 아닌 지방에서 올라오는 사람들이 상당 부분을 차지한다. 또 한 가지 서울의 집값은 외국의 집값에 비해 매우 저렴하다. 다른 저자들이 쓴 책에 워낙에 많이 나온 내용이니 여기에 대해서는 자세히 밝히지 않겠다. 우리나라는 서울뿐만 아니라 모든 지역의 집값이 외국 선진국에 비하면 월등히 저렴하다. 가격을 듣고 나면 그 말이 정말인지 되묻고 싶을 정도로 상상을 초월한다. 우물 안에서만 보면 서울 집값이 비싼 것처럼 느껴질지 모르겠지만, 우물 밖을 보면 '아직도 한참 멀었구나' 생각하게 된다.

제발 이런 아파트는 사지 말자

– 준공공임대사업자 세목별 혜택 –

세목별 세제혜택	기준시가 6억 이하 & 국민주택규모 이하	기준시가 6억 이하 & 국민주택규모 초과	기준시가 6억 초과 & 국민주택규모 이하	기준시가 6억 초과 & 국민주택규모 초과
취득세	혜택 가능*	혜택 불가	혜택 가능	혜택 불가
재산세	혜택 가능	혜택 불가	혜택 가능	혜택 불가
종합부동산세	혜택 가능	혜택 가능	혜택 불가	혜택 불가
임대소득세(법인세)	혜택 가능**	혜택 불가	혜택 불가	혜택 불가
양도세 중과배제	혜택 가능	혜택 가능	혜택 불가	혜택 불가

7년 임대 장특 70% 공제 (2019년부터)	혜택 가능	혜택 불가	혜택 가능	혜택 불가
양도소득세 100% 감면	혜택 가능	혜택 불가	혜택 가능	혜택 불가

*취득세는 60㎡~85㎡ 이하는 20채 이상이 되어야 취득세 세제혜택을 받을 수 있음.
**임대소득세는 비수도권도 6억 원 이하이면 됨.
출처 : 투에이스의 부동산 절세의 기술

책이 중요한 이유가 바로 이 표에 있다. 나는 솔직히 이 표에 나오는 내용을 잘 알지 못한 상태에서 그냥 열심히 아파트를 구입했었다. 특히 투자와 관련해 세금 혜택 측면에서만 본다면 이 표가 말하는 대로 국민주택규모 이하 즉 전용면적 85㎡ 이하의 아파트를 구입했어야만 했다. 내가 구입한 아파트가 고가의 아파트는 아닐 테니 기준시가 6억 이하에는 거의 다 포함이 되었다. 그런데 실수를 했다. 85㎡ 이상의 아파트도 여러 채 구입했던 것이었다.

나는 작고 좁은 것을 싫어하는 성격인지라 아파트도 큰 것을 산 게 꽤 있다. 큰 아파트를 사도 주택임대사업자로 등록을 하면 모두 세금혜택을 받을 것이라고 예상했었다. 그러나 이 표에서 보다시피 85㎡ 이상의 아파트를 구입하게 되면 주택임대사업자로서 받을 수 있는 세금혜택이 거의 없다. 만약 내가 이 책을 일찍 봤더라면, 아니면 이 책이 훨씬 이전에 나왔더라면 얼마나 좋았을까?

세금 측면에서 보면 주택임대사업자에게 있어 이 표의 내용이 가장 중요하다고 생각한다. 다른 세금은 소소한 것들이고, 이 표 안의 내용이 핵심이다. 주택임대사업을 하는 사람이라면 세금을 다른 책들을 섭렵할 필요가 있다.

요약하자면 아파트 투자 시, 그리고 주택임대사업자로 등록해 10년 이상을 버티겠다면 기준시가 6억 이하와 전용면적 85㎡ 이하의 아파트만 사야 한다. 나처럼 주택임대사업자에게 주어지는 세금혜택에 대한 정보도 없이, 면적이 큰 아파트를 사거나 기준시가 6억이 넘는 아파트를 투자 대상으로 구입하면 안 된다.

대신 당신은 넓고 넓은 아파트에 거주해도 되며, 수십 억 하는 아파트에 거주해도 된다. 대신 투자 대상으로는 그런 아파트를 절대 사지 말자. 투자라는 것은 어떻게 절세하느냐가 수익을 결정짓는 가장 큰 요인이기 때문이다.

왜 서울 아파트인가

　나는 부동산 투자를 하는 사람이라면 무조건 서울에 있는 아파트를 사야 한다고 조언한다. 그냥 사는 게 아니라 무조건 사야 한다. 그런데 왜 무조건 사야 할까? 서울의 아파트가 얼마나 비싼데 그것을 사라고 하는 것인가?

　서울 아파트의 수익률은 얼마나 될까? 다른 투자수단보다 월등히 나을까? 솔직히 나는 내가 소유한 서울 아파트들의 수익률 같은 거 계산하지 않는다. 서울 내에서도 어느 지역이 몇%고 또 어느 지역이 몇%인지 따지지도 않는다. 계산은 머리 좋은 다른 사람들이 하는 것이지 나같이 숫자에 약한 사람은 하지도 않는다. 다른 투자대체 수단과 서울 아파트의 수익률을 비교하지도 않는다.

정작 본인은 따지지도 비교하지도 계산하지도 않으면서 왜 서울 아파트를 구입하라고 하는지 아는가? 서울의 아파트를 구입한다는 것 자체가 당신의 자부심과 자존감을 높이는 데 엄청난 도움이 되기 때문이다. 서울 아파트로 투기를 하라는 말이 아니다. 단순히 가격이 오를 것만 보고 구입하자는 말도 아니다.

나는 서울의 아파트를 처음 구입했을 때 정말 숨이 막히는 줄 알았다. 내가 감히 서울의 아파트를 사다니, 이게 꿈인가 생시인가라는 생각마저 들었다. 그 비싼 서울의 아파트를 스스로의 힘으로 샀다는 사실에 나는 계속 나 자신을 칭찬했다.

서울 아파트를 구입한 이후로 내 인생은 조금씩 달라지기 시작했다. 무슨 일을 할 때마다 자부심과 자신감이 마음속에 꿈틀거리기 시작했다. '내가 이래 뵈도 서울에 아파트가 있는 사람이야!'라는 자부심이 어디선가 꿈틀거렸다. 그러면서 뭔가에 더더욱 도전하고 싶어지고 더 성공하고 싶은 욕망이 솟구쳤다. 그 욕구 덕분에 당시 나의 직업이었던 보험설계사 세계에서도 미친 듯이 일해서 지점 1등을 했다. 그렇게 일에서 두각을 나타내다 보니 목표를 하나 더 세우게 되었다.

바로 서울의 한강이 완벽하게 보이는 최고급 아파트를 구입하는 것! 우리나라 국민 중 한강의 전망이 보이는 아파트를 구입할 수 있는 사람이 몇이나 되겠는가? 겨우 0.0001% 정도일 것이다. 난 그것을 이루고 싶었다. 남들이 쉽게 이룰 수 있는 목표가 아니라 남들이 절대 쉽게 생각하지도 못하고 이룰 수도 없는 한강 조망이 멋지게 보이는 아파트를 목표로 삼은 것이다.

목표를 세운 지 2년도 되지 않아 나는 기어이 그 목표를 이루었다. 한강이 한 눈에 들어오는 최고급 아파트! 말로만 듣던 부의 상징을 얻은 것이다.

강변북로로 차를 운전하고 갈 때면 내가 구입한 아파트가 훤히 보인다. 그 아파트를 볼 때마다 가슴이 먹먹하다. 정말 힘들게 샀기 때문이다. 그 아파트를 처음 보자마자 무조건 구입하겠다고 마음먹고 질렀다. 밤에 보이는 화려한 한강 전망에 완전히 취해버렸다. 내 가슴이 마구마구 꿈틀거렸다. '야! 박정수! 이 아파트가 네가 그렇게도 바라던 그 아파트야! 빨리 행동으로 옮겨, 이 바보야!'

당시 매매 금액은 7억2천이었다. 한참 서브프라임사태 막바지 때로 부동산이 계속 떨어진다는 의식이 팽배했다. 문제는 아파트 구입에 필요한 금액이 1억 이상 모자란다는 사실이었다. 하지만 자금은 어떻게 해서든 마련하겠다고 다짐하고 질러버렸다.

계약금을 치르고 나서 2개월 반 동안 온갖 노력을 다했다. 거의 사투를 벌였다. 손에 땀이 나고 입술이 바짝 마를 정도로 간신히 그 금액을 맞추어서 아파트를 구입할 수 있었다. 잔금을 치른 날에 만세를 불렀다. 결국 해냈다! 결국 박정수 네가 해냈다고, 나에게 얼마나 자랑했는지 모른다. 그날 자랑하면서 먹은 막걸리가 열 병이 넘는다.

그 이후 나의 일과 부동산 투자는 가히 상상하기 힘들 만큼 비약적으로 발전했다. 또한 힘들고 어려운 일이 생길 때면 내가 꿈에 그리던 바로 그 한강 전망의 아파트를 보러 간다. 아파트를 바라보면서 내가 저 멋진 아파트도 그 많은 어려움을 다 이겨가면서 구입한 사람인데 지금 이런 어려움이 대수랴. 이처럼 생각하면서 다시 힘을 낸다.

그런데 만약 내가 서울의 아파트를 사지 않았다면? 아예 도전조차 하지 않았다면? 지금과 같은 성공과 발전이 가능했을까? 절대 아니라고 생각한다. 사람은 역시 큰물에서 놀아야 한다. 내가 고향 전주에서만 살고 있었다면, 지금 어디서 무엇을 하고 있을까? 이렇게 크게 발전한 것은 서울이라는 대한민국 수도에 진출했기 때문이라고 생각한다.

수많은 잘난 사람들을 보고, 수많은 경쟁을 하게 되고, 수많은 도전을 하게 되고, 수많은 돈의 흐름을 알게 되고 그러면서 나 자신은 더욱 성장하였다. 그저 지방 중소도시에 머물러 있었다면 지금 어디 조그만 회사에서 기술직 직원으로 일하고 있지 않을까?

서울의 아파트를 사야 하는 이유도 여기에 있다. 나도 10여 년 동안 지방과 수도권의 아파트를 집중적으로 투자하다가 또 하나의 도전으로 서울의 아파트를 구입하였다. 그 이후 나의 마인드와 태도가 완전히 바뀌었다. 전작 『바보부자』에서 밝힌 것처럼 기적도 그때부터 시작되었다. 서울의 아파트를 사야 하는 이유는 너무나 분명하다.

다시 한 번 생각해 보자. 서울의 아파트를 어떻게 개인이 구입할 수 있단 말인가? 나의 방식인 전세를 끼고 갭투자를 한다 해도 적어도 한 채에 3억 이상이 필요한데 개인에게 그만한 돈이 있단 말인가? 3억을 모으려면 월급을 한 푼 안 쓰고도 짧게는 수 년에서 길게는 10년 이상이 걸릴 텐데 말이다.

실제로 일반 샐러리맨의 수입으로는 절대 서울의 아파트를 구입할 수 없다. 한 달에 100만 원을 저축하기도 힘든 요즘 세상에 어떻게 서울의 아파트를 구입할 수 있단 말인가? 그런데도 서울의 아파트를 꼭 구입해야 한다고? 앞뒤가 맞지 않는다.

자, 그럼 어떻게 해야 할까? 내가 생각하는 해법은 다음과 같다.

먼저 적은 금액으로 수도권 아파트를 갭투자로 구입하자. 또는 아주 유망한 지방 도시의 완전히 최악의 가격까지 내려간 아파트를 구입하자. 그리고 시간을 두고 내가 전작에서 설명했던 방식으로 아파트 채수를 늘리자. 이렇게 부동산이 최악의 상황일 때는 돈을 들이지 않고서도 아파트를 구입할 수 있는 방법도 있다. 돈을 별로 들이지 않고서도 수 채에서 수십 채를 구입할 수 있다.

그렇게 수도권 또는 유망한 지방의 아파트 수를 늘리되, 그 아파트들에서 전세 상승으로 이어진 금액을 모아 더욱 채수를 증가시키자. 그러고 나서 시간이 지나 그 아파트에서 다시 나오는 전세 상승분으로 당신이 꿈에도 그리던 서울의 아파트를 충분히 살 수 있다. 서울의 아파트를 구입하는 게 절대로 불가능하지 않다. 절대로.

바로 내가 사용했던 방법이다. 서울의 아파트는 당신이 아무리 열심히 벌고 모아도 결코 살 수 없다. 바로 당신이 소유하고 있는 아파트들의 전세 상승분으로 사야 한다. 그게 바로 돈이 당신을 위해 일하게 만드는 방법이다.

어떤가? 서울의 아파트 구입이 이제 어렵지 않다는 사실을 알겠는가? 보통은 서울 아파트 구입은 말도 안 된다고 말하지만, 지렛대를 이용해 단계적으로 밟아 올라가면 결코 어렵지 않다.

남들은 가격이 비싸서 서울에서 살기 어렵다고 말하지만, 나는 무조건 서울의 아파트를 구입해서 서울에서 멋지게 살아야 한다고 말한다.

생각이 다르면 행동이 달라지고, 행동이 달라지면 결국 인생이 달라진다. 이게 바로 1:99의 법칙이다. 99%의 사람들은 불가능하다고 말하지만 1%의 사람들은 무조건 가능하다고 말하고 무조건 가능하게 만든다.

1%가 되고 싶은가, 99%로 남고 싶은가?

2부

-

마인드와 태도가
1%의 기적을
만든다

부자가 되려면 부동산 공부 하지 마라

대부분의 사람들은 부동산에 투자하려면 먼저 부동산을 공부해야 한다고 생각한다. 맞다. 부자가 되려면 분명히 부동산 공부와 투자가 선행되어야 한다. 하지만 나는 부동산에 대한 공부나 부동산 투자는 부자가 되는 과정에 있어 하나의 수단이라고 생각한다. 결코 그것이 전부가 아니다.

정말 부자가 되려면 먼저 당신이라는 사람의 그릇 크기가 거기에 맞게 커야 한다. 그렇게 그릇도 크고, 생각도 크고, 배포도 커야 큰일을 할 수 있지 않겠는가?

아무리 아파트가 많으면 뭐하는가? 배포가 작아서 매일매일 스트레스를 받는다면 그 사람이 부자가 될 수 있겠는가? 아무리 아파트가 많으면 뭐하는가? 사람이 성숙하지 못해서 세입자를 함부로 대하고, 공인중개사에게 막말이나 하는 사람이 어떻게 부자가 된단 말인가? 사람의 인격이 충만해야 부자가 될 자격도 있다. 인격의 수준이 떨어지는데, 누가 그런 사람의 성공을 돕겠는가?

성공은 자기 혼자의 힘으로 이룰 수 있는 것이 결코 아니다. 주변에서 자기에게 좋은 감정을 가지고 있는 사람들이 도와준 결과로 이루어진다. 품위 없는 사람이 스스로 "나는 부자다!"라고 외쳐봐야 주변 사람들은 속칭 '양아치'라고밖에 생각하지 않는다.

부동산이라는 것은 실제로 공부할 내용이 별로 없다. 부동산으로 몇 주 강의를 만드는 사람들은 실제로 별로 사용할 일 없는 부동산 이론을 길게 늘어서 말할 뿐 부자의 노하우를 알려주지 않는다. 부동산이란 어떤 차트나 자료를 가지고 배우는 것이 아니다. 차트나 자료는 박사학위를 따기 위해 논문을 써야 할 때는 필요할지 몰라도 부자가 되기 위해서는 그런 것이 필요 없다.

대신 부자가 되기 위해 꼭 필요한 것은 '사람의 크기'다. 따라서 사람의 크기를 키우고 그릇을 키우는 일이 우선이다. 책을 많이 읽어야 하는 이유도 이것이다. 부동산 관련 책은 많이 읽지 않아도 된다. 대신 소양을 넓히고, 인격을 완성하고, 품위를 만들고, 그릇을 키우는 그런 책을 많이 읽고, 빨간색으로 밑줄을 긋고, 좋은 글귀는 계속 외우라.

그리고 부디 당신에게 부탁하고 싶은 가장 중요한 것 중 하나는, 남에 대한 비난이나 시기 같은 것은 절대로 하지 말자는 것이다. 자신은 열심히 살지도 않으면서 남이 성공했다는 말을 들으면 시기하고 질투하는 사람들이 세상에는 너무 많다. 인간의 본성이라 마음에서 샘솟는 것을 어찌할 수는 없더라도, 인격의 수양을 통해 통제하는 법은 반드시 익혀야 한다. 그리고 절대 표현해서도 안 된다.

자신을 통제하지 못하고 시기와 질투, 남에 대한 비난으로 일관하는 사람은 멀리하는 것이 좋다. 나 역시 그런 사람들은 다시 만나지도 말을 섞지도 않으려고 노력한다. 그런 사람들은 성공으로 가려는 우리를 가로막는 장애물일 뿐이다.

21
그저 편안한 투자가
당신을 약하게 만든다

나는 부동산 투자를 시작했을 때 돈이 생기는 대로 무조건 아파트를 샀다. 정말 무조건 샀다. 돈을 모으는 목표는 오직 아파트를 더 사고 싶어서였다. 돈이 좀 모자라면 더욱 열심히 일해서 수입을 증가시켜서 사거나 마이너스 대출을 받아서 샀고, 집 담보로 대출을 받아서도 샀다.

남들은 내게 "위기에 처할지 모르니 현금을 가지고 있으라"고 조언했지만 그 말을 듣지도 않았고, 내 행동 패턴을 바꾸지도 않았다. 무조건 아파트 채수를 늘리는 데에만 집중했다.

그러면서 느낀 바가 있었다. 내 소유의 아파트 수가 증가하는 만큼 내 자신의 내공 크기도 어마어마하게 커진다는 것을. 내 자신의 자존감과 자부심이 몰라보게 커진다는 것을.

나는 어려운 경제적 상황에도 불구하고 굴하지 않고 부동산 투자의 대가가 되고 싶었다. 그렇게 부자가 되어 주변사람들에게 크게 베풀고 싶었다. 박정수라는 사람의 큰 모습을 증명하고 싶었다. 그래서 미친 듯 목숨을 걸고 내 소유의 아파트 수를 증가시켰다.

그 과정에서 어려움에 처한 적도 많다. 갑자기 새로운 전세가 안 맞춰지고, 그 때문에 큰돈을 구해서 세입자에게 보증금을 줘야 하고, 어떤 경우에는 전세가가 갑자기 떨어지는 등 예상치 못한 일들이 계속되었다. 사람들의 조언처럼 현금을 많이 가지고 있었다면 당연히 그 돈으로 처리했겠지만 내게는 그만한 현금이 없었다. 대신 어려운 상황을 해결하기 위해 백방으로 뛰어다니고, 가까스로 돈을 구하기도 하고, 세입자를 직접 만나서 설득도 해보는 등 별의별 짓을 다 했다.

그렇게 온갖 일을 하면서 많은 것을 배웠다. 물론 그 시간은 아주 많이 고통스러웠지만 그렇게 편하지 않은 상황, 힘든 상황, 아주아주 절박한 상황에서 문제를 해결하기 위해 사방팔방으로 알아보고, 세입자와 협상도 해보고, 어렵게 돈도 구하면서 배운 것이 참으로 많았다.

상황이 너무나 절박하다 보니 평상시에는 생각도 못했던 번쩍이는 아이디어가 떠올랐고, 수많은 세입자를 만나 협상을 하면서 어떻게 해야 세입자도 나도 모두 윈윈(Win-Win)하는지도 깨달았다. 당시에는 정말 심적으로 두렵고 미칠 것만 같았던 때도 많았다. 이 어려움이 정말 해결될 수 있을까? 언제나 이 상황이 끝날까? 걱정한 적도 많았다.

그런데 시간이 지나면서 모두 해결되었다. 사방팔방으로 뛰어 다니고 많은 사람을 만나 협상하고 어려운 상황에서도 절대 포기하지 않고 끝까지 노력하면서 정말 기적적으로 모든 문제들이 해결되었다. 그리고 나는 코앞에 닥친 문제들을 하나하나 해결하면서 남들은 생각도 못한 다양한 방법들을 터득할 수 있었다.

만약 내가 편하게 투자했다면 어땠을까? 현금을 많이 가지고 있어서 그것으로 손쉽게 투자했다면, 당면한 문제를 큰 고민 없이 쉽게 해결할 수 있었다면 지금처럼 배우고 터득한 게 많았을까? 결코 아닐 것이다.

편안한 투자로 부자가 되기란 매우 어렵다. 수없이 많은 어려운 상황에 닥쳐서 그것을 해결하기 위해 불철주야 노력하면서 결국 해결법도 터득하고, 그 방법들이 모여 거대한 노하우가 되는 것이고, 그러면서 사람과 협상하는 법도 배우고, 점차 내공을 단단히 갖춘 사람이 되어가는 것이다. 그리고 이 모든 것이 모이면서 자신만의 노하우로 가득 찬 진정한 부자가 된다. 반드시 그래야만 쉽게 흔들리지 않는 안정적인 부자가 될 수 있다.

나는 강의할 때 청중들에게 항상 이렇게 말한다.

"현금 같은 거 남겨놓지 마시고 무조건 투자에 올인하세요!"

그러면 청중들은 묻는다.

"나중에 혹시 문제가 생기면 어쩌죠?"

이 질문이 나올 것을 이미 알기 때문에 대답도 준비해 놓았다.

"사람이 절실한 상황이 처하면 다 해결할 수 있는 능력이 생기는 겁니다. 당신을 억지로 벼랑 끝까지 몰고 가십시오."

솔직히 말해 나는 '절실함'이 좋다. 그렇게 절실한 상황에 닥치면 그것을 이겨내기 위해 사력을 다하면서 그동안 한 번도 발견하지 못했던 또 다른 내 능력을 발견하게 된다. 때로는 기적을 만들어가는 내 모습을 발견하기도 한다. 내게 이런 엄청난 능력이 있었나 싶을 정도로 놀란다.

물론 그 과정은 무섭고 힘들다. 하지만 그것을 이겨내는 그 과정에서 내 자신이 그동안 한 번도 생각하지 못했던 별의별 노력을 다하게 되고, 별의별 아이디어를 만들게 되고, 정말 많은 것들을 배우게 되고, 결국 그 배움은 억만금으로도 살 수 없는 소중한 내 자산이 된다. 이게 어디 나만의 이야기이겠는가? 당신도 절실함 앞에서 당연히 이런 행동과 노력이 나타나게 되고 그것을 해결해 나가면서 더 큰 영웅으로 거듭날 수 있다. 당신 안에 잠든 영웅이 존재하지 않는다고 단정 짓지 말라.

내가 부동산과 관련한 수많은 질문에 곧바로 대답할 수 있는 건, 인생에 대한 수많은 질문에 망설임 없이 대답할 수 있는 건, 내가 자신을 억지로 벼랑 끝으로 몰고 가면서 그 상황에서 남들이 해보지 않았던 수많은 경험들을 다 해봤기 때문이다. 투자가 편안하다면, 그저 눈에 보이는 안정된 투자만 하고 있다면, 그것으로 인해 당신이 정말 부자가 될 수 있을까?

부동산 시장이 어려워지면서 절박한 상황으로 내몰렸는가? 그래서 힘들고 무서운가? 그렇다 하더라도 나처럼 당신이 이런 절박한 상황의 어려움을 견뎌내고 하나씩 하나씩 해결해 간다면 나중에 자신이 얼마나 자랑스러운지 느끼게 될 것이다. 분명 어려운 상황이지만, 거기에서 얻는 것도 있으니 반드시 나쁘게만 볼 일은 아니다. 길게 봤을 때는 오히려 내가 단단해지는 소중한 시간임에 틀림없다.

"지금 이때 피하는 건 아닌 거 같아요.
오히려 과감해야죠!"

며칠 전 어떤 분이 나를 찾아왔다. 현대자동차 연구원이고 예전에는 삼성전자에서 연구원을 지냈다고 했다. 겉으로는 매우 순수해 보이는데 실제로는 10여 년 전부터 큰 금액을 가지고 부동산 투자를 해온 분이다. 이분의 어머니도 예전부터 서울 부동산에 투자를 해왔단다. 부동산에 있어서만큼은 가족 전체가 일반인보다 지식도 경험도 많았다.

내가 그를 처음 만난 계기는 내가 그의 누나와 함께 아파트에 투자하면서였다. 자연스럽게 소개를 받았고, 나의 책들을 읽으면서 자신도 진지하게 투자를 생각하기 시작했다고 한다. 이분은 내 책뿐만 아니라 수

많은 부동산 관련 도서를 섭렵했고, 투자 경험도 많다. 일반인들은 감히 따라올 수 없는 내공의 소유자다.

이분도 상당수의 아파트를 소유하고 있다. 그런데 요즘 전세가가 이렇게 떨어졌는데도 나와 대화를 나눌 때 불평 한 마디 없이 묵묵부답이었다. 나는 이분이 분명 내게 지금의 어려운 부동산 환경에 대한 문의를 할 것이라 짐작했었다.

이분은 서울에 가지고 있던 다세대 건물 전체를 몇 달 전에 팔았다. 10여 년 전부터 다세대에 투자해 왔지만 지금은 아니라는 판단 때문이었다. 물건들을 처분하고 나니 수중에 큰돈이 들어왔고 그러자 어떻게 알았는지 자기에게 투자하라는 주변인들이 속출했다고 한다.

이분은 그들의 감언이설에 넘어가지 않고 스스로 깊게 고민했다. '요즘처럼 부동산이 어려운 시기에 이 금액을 어떻게 해야 하나?' 고민하면서 한편으로는 여러 부동산 책을 읽고, 내 책들도 다시 읽고 또 읽었다. 그러고서는 이런 확신이 들었다.

'지금처럼 부동산이 어려울 때 아파트를 더 사야 한다. 어려운 시기에 아파트를 사는 것이 바로 진정한 사업가 마인드다.'

나의 평소 지론과 다르지 않다. 수중에 큰돈을 가지고 있어 봐야 그 돈을 노리는 사람들이 계속 들끓게 마련이고, 뉴스나 신문을 보다 보면 아무리 다잡은 마음이라도 흔들릴 수 있다. 그래서 그는 하루라도 빨리 나를 만나 확신을 가진 다음 무조건 이 금액으로 바로 투자를 해야겠다고 다짐했다. 이것이 그가 나를 찾아온 이유다.

"대표님, 제가 10년 이상 부동산 투자를 해봤잖아요. 그것도 작은 금액이 아니라 큰 금액으로 말입니다. 그런데 지금 이때 피하는 건 아닌 거 같아요. 오히려 과감해야죠! 지금이 기회라는 대표님의 말씀이 제 생각과 아주 일치해요. 대표님이 책에 쓰신 돈에 관한 말씀이 정말 맞아요. 저도 그렇게 확신해요."

그러면서 곧바로 이렇게 말씀하셨다. "저도 대표님처럼 1%가 되고 싶어요. 99%의 사람처럼 사는 게 아니라 1%처럼 생각하고 1%처럼 두려워하지 않고 도전하고 바로 행동하고 싶습니다. 저 좀 꼭 도와주세요. 대표님이 하자는 대로 다 하겠습니다."

나는 속으로 미소 지으며 마음으로 대답했다.

'그래, 이런 분도 있구나!'

23

보통의 99%가 아닌,
특별한 1%가 되는 법

내가 아끼던 후배의 친구 부부가 몇 달 전 나를 찾아왔다.

예전에 PJS 사무실에 와서는 내 모습이 어쩜 그렇게 밝으냐고 깜짝 놀랐던 그 친구 부부이다. 부동산 시장이 이렇게 심각하게 어려우니 아주 많이 힘들어 하고 있으리라 예상했는데 오히려 지극히 밝은 내 모습에 적잖이 놀란 모양이다. 이 부부는 요즘 뉴스와 신문에 연일 부동산에 관한 나쁜 뉴스만 나오고 있어서 지금 투자 중인 아파트를 파는 게 나은지 물으러 왔다. 이야기를 나누다 보니 두려워하며 지금의 상황을 주시하고 있었다. 그저 두렵고 무섭고 앞이 보이지 않는 상태라고나 할까.

그래서 내가 물었다.

"지금 부동산 투자를 포기하면 이후에 다시 부동산 투자를 할 수 있을까요?"

이들은 대답을 못하고 머뭇거리기만 했다.

단언컨대 당연히 이 부부는 이후에 다시 투자할 수 없다. 지금 이렇게 무서워서 포기했는데 이후에 또 어떻게 투자할 수 있겠는가. 죽을 때까지 부동산 투자는 못한다.

처음 나와 상담을 했을 때 이 친구들의 목표는 오직 지긋지긋한 월급쟁이 생활을 벗어나는 것이었다. 경제적 자유와 함께 시간의 자유를 얻고 싶어서 투자를 시작했는데, 지금 이렇게 포기하면 평생 월급에 매달려 살아야 한다. 처음 그토록 바라던 자유는 온 데 간 데 없이 말이다. 나는 큰 소리로 이 부부에게 말했다.

"왜 끝까지 버티겠다는 생각을 하지 못합니까?"

지금 이 순간, 이렇게 부동산 시장이 극도로 불안할 때 거의 모든 투자자들은 '포기'라는 단어를 떠올린다. 누가 버티겠는가? 모두 다 팔아치우고 만다. 그리고 이후에는 부동산 투자에 얼씬도 하지 않게 된다. 전체 투자자가 100명이라면 어려운 상황에서 약 99%는 모두 다 휩쓸려 나가며, 포기하고 만다.

이런 상황에서는 정말 신념과 경험이 있는 제대로 된 투자자들만 살아남는다. 그런 사람들만이 사력을 다해서 끝까지 버틴다. 결국 그들만이 투자에 성공한 사람으로 남는 것이다. 99%의 사람들은 다 포기하는

데 이 사람들 즉 1%의 사람들만 성공한다고 목소리를 높이며 이 부부에게 강조했다.

나는 반드시 성공하고야 말겠다고 외치는 사람들은 많다. 그렇지만 실상 그 외침을 끝까지 지키는 사람은 단 1%밖에 되지 않는다. 그래서 나중에 그 1%의 사람들만이 "그렇게 힘들게 버텼더니 이렇게 큰 행운이 다가오네요"라며 기뻐하게 된다.

투자가 맑은 날의 연속이라면 얼마나 좋겠는가. 나 역시 그런 날들을 꿈꾸지만 현실은 꿈처럼 흘러가지 않는다. 어두운 날도 오고, 앞이 안 보일 정도로 세찬 장대비가 쏟아지기도 한다. 하지만 이처럼 어둡고 비 내리는 날을 사력을 다해 버텨야 '성공'이라는 햇살 좋은 날을 맞이할 수 있다.

나를 찾아온 이 부부는 남들이 다들 부러워하는 직장을 다닌다. 월급도 많이 받는다. 하지만 아무리 좋은 직장에 다닌다 해도 부자가 될 수는 없다. 지금 이 시대가 월급만으로는 부자가 될 수 없는 구조이기 때문이다.

좋은 직장일지라도 계속 다니면 다닐수록 그 회사에 종속되는 삶을 살 수밖에 없다. 직장에 의지하는 마음은 더욱 강화된다. 모험이나 도전은 꿈도 꿀 수 없다. 결국 어떤 위기도 견디지 못하는 그저 그런 99%의 사람만 될 뿐이다.

아무도 당신이 1%가 되는 것을 막지 못한다. 결심하고 도전하면 된다. 그래서 기어이 1%가 되어야 한다. 그래서 성공을 만끽하며 자신이 걸어온 인생에 자부심을 갖는 사람이 되어야 한다.

이 부부는 상담을 마치고 나가면서 내게 진심으로 고맙다는 말을 남겼다. 떨어진 자존감, 자신감을 다시 올려주어서 그리고 투자에 대한 생각을 다시 굳건하게 만들 수 있어서 감사하다고 했다. 대표님의 조언이 아니었다면 자신들도 99%의 사람들이 되었을 거라며 미소 짓는다.

투자에서 어두운 날을 견뎌내는 사람은 지극히 드물다. 하지만 당신이 부동산에 투자하는 이유는 99%가 아닌 그 어렵다는 1%가 되고 싶기 때문이 아닌가? 그렇다면 망설이지 말고 결심대로 실천해 나가기 바란다.

24

돈에 대한 공포를 느끼지 마라

　나는 원래 한 번 시작하면 무조건 직진하는 성격이다. 불굴의 정신으로 똘똘 뭉친 군인 같다. 이런 성격의 내게 많은 사람들이 요즘 같은 때 두렵지 않냐고 묻는다. 이런 상황에서 박정수 대표 같은 사람은 수십억 원 이상의 금액을 손해 볼 텐데 괜찮냐고 묻는다. 난 그런 물음에 그냥 크게 웃는다. 어차피 그런 질문을 한 사람들에게 나의 생각을 말한들 그들은 이해하지 못한다. 오히려 나를 미친 사람, 이상한 사람이라 생각할 것이다.

　요즘처럼 부동산 가격이 떨어지고, 전세가가 크게 떨어지면 돈에 대한 공포를 갖기 마련이다. 계속 그 공포에 휩싸여 두려움 속에서 살게 되고, 그런 두려움 속에서 살다 보면 자부심이나 자존감이 크게 떨어진다. 그런 사람들이 요즘에는 참으로 많다.

물론 나라고 왜 위축되지 않겠는가. 숱한 고통과 고생을 통해 힘들게 얻은 삼백 채의 아파트, 역전세라는 것이 나를 더 힘들게 하고, 수십 억 손해를 보게 만드는 지금 이 시점에 나라고 왜 이런 생각이 들지 않겠는가. 사람이라면 당연히 공포가 엄습한다. 내 아파트 중에 한 채는 전세가가 1억 가까이 떨어진 것도 있으니 돌부처가 아닌 이상에야 위축감을 피할 수 없다.

그런데 나는 뭔가 좀 이상한 구석이 많다고 생각된다. 두렵고 위축되고 혼란스러워야 하는데도 오히려 '이렇게 크게 떨어졌으니 해결하고 나면 곧 또다시 크게 오르겠구나! 그러면 또 큰돈이 들어오겠구나!'라는 희망을 갖는다. 그러면서 '나중에 큰 금액이 들어오면 그것으로 또 어떤 투자를 해볼까, 어떤 것을 사볼까' 생각하면서 혼자 결의를 다진다.

또한 그런 미래를 하루라도 빨리 만들기 위해서 이 어려운 상황을 극복할 수 있는 방안을 열심히 고민하고 또 고민한다. 그냥 앉아서 당하는 내가 아니다. 역발상을 통해서 더 좋은 결과를 낼 수 있는 방법이 뭘까 생각하며 죽도록 연구한다.

돈에 대한 공포에 휩싸인 사람에게는 이런 이야기를 아무리 해도 소용없다. 전세가가 이렇게 많이 떨어지면 절대로 다시 오르지 않을 거라고만 생각한다. 그러면서 내 인생은 왜 이렇게 항상 꼬이기만 하고 불행한 일만 일어나는지 모르겠다고 쓴웃음을 짓는다.

그런데 한번 돈에 대한 공포를 느끼면 그 이후로 좋은 기회는 모두 다 놓치고 만다. 그 공포, 위축이 그 사람을 가난하게 만든다.

여기서 기억을 더듬어 보자. 과거 수십 년간 부동산 시장에서 어느 지역의 매매가나 전세가가 떨어진 후 다시 크게 오르지 않는 경우를 본 적이 있는가? 그런 지역은 단 한 군데도 없었다. 떨어진 후에는 마치 거짓말처럼 다시 용수철처럼 크게 튀어 올랐다. 당신도 그런 현상을 숱하게 봐왔지 않았는가? 만약 본 적이 없다면 관심이 없었기 때문이지 현상이 일어나지 않았기 때문은 아니다. 그러면서 '아, 좀 더 참을 걸! 조금만 참았으면 엄청난 먹잇감들이 있었을 텐데'라면서 땅을 치며 후회한 적은 없는가? 그게 다 돈에 대한 공포, 손해가 날지 모른다는 공포, 시간을 두고 참지 못하는 불안에서 발생한 것이다.

대범하고 담대해야 한다. 그게 부자가 가진 장점 중에 하나다. 돈에 대한 공포보다는 자기 자신을 믿고 세월을 낚을 줄 아는 그런 당당한 모습! 그게 바로 지금 당신에게 필요한 것이다. 공포를 이겨내는 힘은 누가 당신에게 주지 않는다. 오로지 스스로 단단해져서 참고 견디어야 한다.

안타까운 점 하나는 가난한 사람들 주변에는 이런 조언을 해줄 사람도 없을 뿐더러 투자 같은 것은 하지도 말고, 그저 안정된 삶을 살라고 하는 사람들이 대부분이다. 성공의 문턱을 넘어본 적이 없는 사람들은 그 문턱을 넘는 위험한 과정이 무모하게만 느껴질 뿐이다. 투자해서 망한 사람들을 그동안 수없이 보지 않았냐면서 가난한 사람을 더 가난하게 만드는 주변 사람들이 얼마나 많은가? 그들은 그 말에 귀를 기울이면서 그게 옳은 줄로만 안다. 요즘 같은 시기에는 그 말에 더욱 힘이 실린다.

"거봐! 부동산 투자를 하지 않아서 얼마나 다행이야! 앞으로도 투자같은 것은 꿈도 꾸지 마. 매일 아끼면서 한 푼이라도 아끼는 것만이 살길이야!"라고 말한다.

얼마나 바보 같은 생각과 말인가? 공포? 시간이 지나 보면 다 알게 된다. 아무것도 아니라는 것을….

견디면 이긴다. 버티면 이긴다. 버티는 사람에게 공포는 재미에 불과할 뿐이다.

"맞다. 투자라는 것은 그렇다"

최근 지인 중 한 분이 사기 사건에 휘말려 힘들어 했다. 어떻게 돌파구를 찾을지 의논하게 되었다. 사기 사건을 해결하려면 빠른 시간 안에 몇 억을 구해야 하는데, 걱정이라고 한다.

은행에 달려가 대출을 더 받든지 주변 사람들에게 더 빌리든지, 그것도 아니면 사채를 구하든지 어떻게 해서든 무슨 일이 있어도 해결하겠다면서 지금 하고 있는 아파트 투자는 절대로 포기하지 않고 꼭 지켜낼 것이라고 이렇게 말했다. "지금까지 사업을 하고, 투자도 많이 해오면서 수없이 많이 사기당하고 사업이 망하기까지 해봤지만, 그러면서도 얻은 결론은 흔들리지 않고 버티면 무조건 성공한다는 것이다."

그러면서 자신은 아파트 투자를 끝까지 포기하지 않고 해나갈 테니 지금 자신의 어려운 상황은 괘념치 말고 계속 자기 옆에서 아파트 투자의 선배와 스승의 모습을 보여 달라고 내게 당부했다. 정말 대단한 분이다.

맞다. 투자라는 것은 그렇다. 주변 상황이 힘들다고, 어렵다고 포기하면 나중에 크게 후회하게 된다. 끝까지 버티는 게 정말 중요하다. 이분은 워낙 많은 실패를 겪다 보니 이런 지론을 가질 수 있었다. 아무리 힘들어도 투자 자산만큼은 꼭 지키겠다는 그의 모습에 나도 힘이 나서 그분에게 칭찬을 해드렸다.

"참 대단하십니다."

오르면 떨어지고 떨어지면 오른다

 부동산이 지극히 어려운 환경에 빠지자 갭투자를 했던 많은 투자자들이 들고 있던 아파트를 처분하기를 희망한다. 부동산 시장이 좋다고 하면 쉽게 사고, 어렵다고 하면 쉽게 팔고 마는 냄비 같은 투자방식이 안타깝기만 하다. 이리저리 휩쓸리다 보면 무엇이 남겠는가.

 사람들이 쉽게 휩쓸리는 이유는 돈의 속성과 부동산의 속성을 잘 모르기 때문이다. 지금처럼 어려운 상황은 오래 지속된다고 보기보다는 곧 회복할 가능성이 크다고 봐야 한다. 부동산 시장은 수십 년 동안 사이클이라는 것이 존재해 왔다. 사이클, 즉 흐름을 타면서 오르면 내리고 내리면 오르는 패턴이 반복되어 왔다.

부동산 시장이 너무 뜨겁게 타오르면 정부는 그것을 잠재우려 했고, 부동산 시장이 너무 차갑게 식어버리면 띄우고자 노력해 왔다. 그것이 수십 년 동안 부동산 사이클로 존재했고, 부동산 시장의 침체기가 어느 정도 지나면 정부는 다시 경제를 살리기 위해서 노력을 다해 왔다. 정부는 궁극적으로 부동산 가격이 떨어지기를 바라지 않는다는 것을 알아야 한다. 전작 『부동산 투자 100문 100답』에서 이미 설명했듯이 정부는 부동산 가격이 물가상승과 동반해서 차근차근 오르게 하는 데 목표를 둔다. 그래야 경제가 원활히 돌아갈 수 있기 때문이다.

또한 돈의 가치가 계속 떨어지는 상황에서 실물자산 가치가 오르지 않는다는 것은 말이 되지 않는다. 우리 정부도 지속적인 인플레이션을 유도하는 게 사실이기 때문에 그에 맞춰 시간이 지남에 따라 돈의 가치를 떨어뜨리고 거기에 동반해 아파트도 가격이 오르고 전세가격도 마찬가지로 오를 수밖에 없다. 그런데 이렇게 쉬운 이야기도 보통 사람들은 잘 이해하려 하지 않는다. 공포에 지나치게 사로잡혀 비관에 빠져 있기 때문일 것이다.

돈을 번다는 것, 부자가 된다는 것은 그저 부동산을 소유하고 있으면 되는 문제가 아니다. 그 사람이 가지고 있는 바로 이 간단한 돈의 지식에서 시작되는 것이다.

그런데 돈에 대한 이러한 간단한 지식조차 없는 사람들이 이 세상에 수도 없이 많기 때문에 아이러니하게도 나나 당신이 부자가 될 기회를 얻는 것이다. 이런 지식이 없는 사람들은 부동산 시장이 좋지 않을 때 투자했던 것을 쉽게 포기하는 경우가 많고, 포기한 이후에는 더 이상 투자를 하려고도 하지 않는다.

그런데 신기하게도 이렇게 돈과 부동산에 대한 기본적인 지식이 부족한 사람들일수록 부자들을 싸잡아 심한 욕을 계속한다. 부자들이 자기가 판 아파트를 싸게 가져갔다며 욕하고, 부자들 때문에 자기가 투자를 할 수 없다고 비난하며, 부자들 때문에 이 사회에서 뭘 해볼 게 없다고 하고, 부자들이 모든 기회를 다 빼앗아갔다고 끊임없이 자기변명을 한다. 분명히 자기 자신이 부동산 투자를 쉽게 포기하고 팔아버린 것인데 말이다. 정말 신기하다.

나는 왜 부자가 되려고 했는가?

정약용 선생님이 이런 말씀을 하셨다고 한다.

"재물을 숨겨두는 방법이 있는데 무릇 재물을 비밀스레 간직하는 것은 베풂만 한 것이 없다. 내 재물로 어려운 사람을 도우면, 흔적 없이 사라질 재물이 받은 사람의 마음과 내 마음에 깊이 새겨져 변치 않는 보석이 된다."

우리에게 삶의 지혜를 주는 말씀이다. 나는 오래 전부터 부자가 되고 싶었는데, 그 이유는 큰 빌딩의 건물주가 되어 편한 삶을 살거나 매일 골프나 치러 다니고 싶어서도 아니다. 지금도 골프를 칠 줄 모르고 치고 싶은 마음도 없다. 작은 공 하나를 막대기로 때리는 게 뭐가 그리 재미 있단 말인가? 해외여행을 많이 다니면서 여유롭게 살고 싶은 마음도 없다. 해외여행이 나에게 어느 정도 기쁨을 줄지는 모르겠지만 나는 그렇게 여유부리는 시간이 아깝게만 느껴진다. 그 시간에 더 많은 일을 하고 싶고, 더 많은 것을 아직도 배우고 싶다. 또한 지금 내가 하고 있는 일로 나와 관계된 사람들에게 많은 기쁨을 주는 것이 내게는 최고의 행복이기에 이런 취미를 좋아하지 않는다.

내가 부자가 되고자 했던 가장 큰 이유는, 내게 소중한 사람들에게 베풂의 삶을 살고 싶었기 때문이다.

일례로 나는 어머니가 화장품이 필요하다고 하실 때 아무 망설임 없이 설화수를 사드리고 싶다. 어머니는 이 화장품을 받으시면서 왜 이리 비싼 걸 샀냐고 핀잔을 주실 것이다. 하지만 나는 어머니가 그 화장품을 바르시면서 콧노래 부르며 좋아하시는 모습을 보고 싶다. 나로 인해 기쁨을 얻게 되는 것이 아닌가? 만약 어머니가 용돈이 필요하다고 하실 때 백만 원을 선뜻 건네면서 아끼지 말고 쓰시라고 말하고 싶다.

내 와이프가 혹시 갖고 싶다고 하는 게 있으면 아무 걱정 없이 사주고 싶다. 그저 평생 나만 믿고 사는 사람 아닌가? 그렇게 고맙고 소중한 사람인데 그런 사람이 갖고 싶은 게 있다면 돈에 구애 받지 않고 사주어야 하지 않을까. 나는 이런 생각 때문에 부자가 되고 싶었다.

또한 내가 돕고 싶은 사람을 맘껏 돕고 싶은 게 사실이다. 힘들고 어렵게 사는 그런 사람들에게 이름을 밝히지 않고 맘껏 돕고 싶다. 기부도 맘껏 하고 싶고, 나의 재능을 사회에 맘껏 펼치고도 싶다. 돈 걱정 없이 내가 돕고 싶은 사람을 맘껏 돕는 것! 얼마나 멋지고 훌륭한 일인가.

"그런 무대포 정신이 부자가 되는 데
큰 도움이 될 거야!"

몇 달 전 나와 김명란 이사는 PJS컨설팅 회사를 이전하려고 주변의 사무실을 알아보러 다녔다. 서울의 그 많은 사무실 중 내 맘에 드는 사무실을 알아보기가 왜 이리도 어려운지. 마음에 드는 사무실 찾기가 너무 힘들었다. 그렇게 3개월 이상을 알아보던 중 갑자기 맘에 쏙 드는 좋은 사무실을 소개 받았고 건물 주인인 사장님을 만나게 되었다.

부동산 공인중개사님의 말에 의하면 이 사장님의 재력이 엄청나다고 한다. 특히 부동산으로 크게 성공해서 현금 부자라고 한다. 나는 웬만해서는 바깥에서 사람을 잘 만나지 않는데 이 사장님은 이상하게 보고 싶었다. 크게 배울 게 많지 않을까라는 생각에 그분께 전화를 드리고 찾아뵙게 되었다.

풍채가 나의 아버지와 비슷하셨다. 70대 중반에 키도 크시고, 멋쟁이 스타일에 말씀하시는 것도 워낙에 힘이 넘쳐서 첫인상부터 남달랐다. 나는 이 분 앞에서 아주 큰 목소리로 90도로 인사했다. 그리고 이번에 이전하는 우리 회사 사무실에 대한 몇 가지 이야기를 하다가 솔직하게 물었다.

"사장님! 공인중개사님에게 사장님에 대한 이야기를 들었습니다. 어마어마한 부자이시라고, 그리고 현금이 아주 많으시다고요. 사장님! 솔직히 하나만 여쭈어보겠습니다. 어떻게 해야 사장님처럼 부자로 살 수 있는 겁니까?"

그분은 질문에 대답은 않고 한참 나를 쳐다보셨다. 10초 정도 사장님과 나 사이에 묘한 눈싸움이 있었다. 그분의 눈은 호랑이의 그것과 같았고, 나도 의식적으로 그 눈을 응시했다. 어떻게 해서든 그분에게서 금과 옥조와 같은 정보를 얻고 싶어서.

이윽고 사장님은 내게 말씀하셨다.

"이보시오, 박 대표! 사람이 성공을 하려면 어떠한 어려움이 와도 포기하면 안 돼! 내가 부동산 부자로 성공한 이유는 말이야, 지금까지 포기하지 않고 팔지 않아서야. 내 주변 사람들, 가족들도 나에게 중간에 포기하라고 했던 적도 많았고, 이익이 어느 정도 났으니 부동산을 팔라고 한 사람도 많았어. 그런데 난 안 팔았거든. 그게 성공 비결이야! 부동산이라는 게 말이야, 나중에 시간이 지나면서 크게 폭발하게 되어 있어. 그런데 희한하게도 사람들은 오랫동안 참고 기다릴 줄 몰라. 힘든 상황이 오면 포기해 버리고, 조금 이익이 생기면 금방 팔아버리고 하거든. 나처럼 끝까지 가지고 있어야 하는 거야. 예전에 나보다 부동산을 많이 가진 사람들이 많았거든. 그런데 중간에 그 부동산을 팔아버린 사람들이 대부분이야. 그런데 지금 보면 그들의 재산은 나와 비교할 수조차도 없을 정도로 아주 작아. 알았지, 박 대표?"

나는 이 말에 감탄사와 함께 무릎을 칠 수밖에 없었다. '그래, 맞다! 바로 이거다!' 심지어 박수까지 쳤다. 남들이 뭐라 하던 포기하지 않고 끝까지 가는 것! 그게 바로 성공의 비결이었다.

나는 이분에게 또 하나를 부탁했다. 지금 대낮인데 나처럼 눈이 살아 있는 사람에게 낮술 한 잔 사주시라고. 그날 우리는 그 대낮에 소주를 참 많이 마셨다.

그러면서 내게 이렇게 말씀하셨다. "박 대표! 난 당신 하는 게 맘에 들어. 내 눈을 똑바로 쳐다보면서 어떻게 해야 부자가 되냐고 묻는 것도 맘에 들고, 겁 없이 내게 이렇게 낮술을 사달라고 하는 것도 맘에 들고. 그런 무대포 정신이 박대표가 부자가 되는 데 큰 도움이 될 거야!"

29

지금 겪는 그 고통이
뭐 그리 큰일이란 말인가?

많은 사람들이 자기에게 닥친 문제를 크게 확대해서 생각하는 경향이 있다. 너무나도 큰일이어서 도저히 감당이 안 된다고 푸념하는 사람도 있고, 부동산 상황이 어려워서 먹을 쌀이 없을 정도라고 호소하는 사람도 있었다. 너무 큰일을 당해서 자포자기라는 사람, 3억을 사기당해서 자살이라는 극단적인 생각까지 한다는 사람, 생활고로 인해 대출을 너무 많이 받아 이자를 감당할 수 없어서 어떻게 해야 할지 도무지 모르겠다는 사람. 고통과 슬픔, 괴로움의 모양도 각양각색이다. 내 주변만 해도 그 수가 꽤 많다. 그런데 그 일이 정말로 그렇게도 큰일일까? 그 사람의 생명을 위협할 정도로?

가끔 식당에서 점심을 먹다보면 TV에서 힘들게 사는 사람을 돕자고 매월 몇 만원씩 기부해달라는 광고를 접하게 된다. 그런 광고를 볼 때면 '내가 도움을 받아야 하는 사람이 아니어서 얼마나 다행인지 모른다'고 생각한다.

어떤 사람은 굶어서 죽어가고, 어떤 사람은 몹쓸 병에 걸려서 죽어가고, 어떤 사람은 피부에 매일 고름이 생기고, 어떤 사람은 불치병에 치를 떨면서 죽어가고, 어떤 사람은 정말 돈이 없어서 매일 거지처럼 살아간다.

그런데 당신과 나는 그들처럼 최악의 삶을 영위하진 않는다. 아니 뭐 부동산이 잘 안 된들 최종은 경매로 팔리는 것이다. 그게 끝이다. 경매로 팔린들 인생에 무슨 큰 문제가 일어나는가?

집에 먹을 쌀이 없다고? 지금이 무슨 6.25 시대인가? 살겠다는 의지와 열정이 얼마나 부족하면 쌀이 없다고 말하는가? 먹을 쌀이 없다면 밤에 대리운전이라도 해서 쌀을 구하면 되는 거 아닌가? 지극히 절실한 사람은 이런 말도 하지 않는다.

나는 위암에 걸렸던 과거가 나를 더욱 큰 사람으로 만들었다고 항상 생각한다. 암 투병이 워낙 힘들었기에 지금까지의 어떤 시련도 그에 비할 바가 못 된다. 죽을 뻔한 고비를 넘기니 다른 어떤 고통도 심각하게 느껴지지 않는다. 나 자신이 열심히 살았고, 누군가를 항상 도우려 해왔던 인생이기에 신(神)께서 항상 내 뒤에서 도우시리라는 확신이 있다. 그러면 된 거 아닐까.

고통이 있어야 그에 대한 고민이 생기고, 그 고민 끝에 행동이 나온다. 고통 앞에서 무기력하게 당하고만 있어서야 되겠는가? 고통이 왔다고 하여 그것을 이겨내려고 노력도 하지 않으면서 자기에게 그저 큰일이 닥쳤다고만 생각하고 아무런 고민이나 행동도 하지 않는다면, 그런 못난 사람이 세상에 또 어디 있을까. 많은 사람들이 겪고 있는 그 힘들다는 고통은 실제로 그 사람을 죽음으로까지 몰고 가지는 않는다.

매일매일 그 고통을 참아가며 열심히 살아가는 사람이 자살했다는 말을 들어본 적 있는가? 신도 그 사람이 감내할 수 있을 만큼만 고통을 준다. 그런데 사지육신 멀쩡해서, 하는 일 없이 이리 빈둥 저리 빈둥거리다가 자기의 고통이 이 세상에서 제일 큰 고통이라면서, 자기가 이 세상에서 가장 불쌍한 사람이라면서 아무 하는 일 없이 매일 술이나 퍼마시다가 결국 우울증에 걸려서 자살하는 사람이 부지기수이다. 그렇지 않은가.

암 병동에 입원해 있는 암환자들은 기어코 살아보겠다고 별의별 짓을 다하며, 장애인들도 살아보겠다고 그 많은 무시를 이겨가며 노력하고 있고, 외국인 노동자들도 먼 타지에서 한국에 와서 성공해보겠다고 온갖 막노동을 다하고 있다.

그런데 부모가 주신 사지육신 멀쩡한 사람이 힘든 고통을 맞닥뜨렸다면 이겨내려 사투를 벌이지는 못할망정, 쉽게 포기하거나 자살하고 싶다고 하는 것은 지극히 못난 짓이다. 힘들다고 고민만 하거나 투덜대는 대신 나가서 막노동을 하거나 대리운전이라도 해라. 아니면 친척집에 가서 쌀이라도 빌려오던지.

살면서 힘들다는 말 그렇게 쉽게 하는 게 아니다. 사람이 내뱉는 말 한 마디에 인생은 따라가기 마련이다. 말이 흔들리면 인생도 흔들린다. 평소에 힘들다고 말하면 그 사람의 인생은 계속 힘들 것이고, 항상 즐겁다고 말하면 그 인생은 언제나 행운이 폭발한다. 그래서 자나 깨나 입조심, 말조심을 해야 하고, 입 밖으로 나오는 말은 언제나 긍정적이고 유쾌해야만 한다.

고통과 간절함이
1%의 기적을 만든다

이남훈님의 저서 『기적을 믿는다』라는 책에는 이런 말이 있다.

"모두가 놀랄 만한 기적을 만들어 낸 사람들에게는 두 가지 공통점이 있다. 첫 번째로 그들은 오늘도 당신이 길거리에서 볼 수 있는 지극히 평범한 사람들이라는 것, 두 번째는 그들 모두는 남들과 비교하면 훨씬 열악한 조건에 처해 있었다는 점이다."

나는 지금까지 살면서 좋은 가정, 평범한 환경, 좋은 학벌을 가지고 대기업 같은 좋은 직장 또는 좋은 직업을 가진 사람들 중에 기적적인 일을 해냈다는 사람을 본 적이 별로 없다. 기적을 일으킨 사람들은 부모에게서 버림받은 사람, 건강이 무척 안 좋았던 사람, 돈이 너무 없어서 거지같이 생활했던 사람, 사업에서 쫄딱 망했던 사람 등이었다.

솔직히 이런 기적은 그 사람이 미치도록 절박하고, 이거 아니면 죽음밖에 없다는 낭떠러지 정신, 벼랑 끝 정신으로 무장했기 때문에 가능했다고 생각한다. 기적은 바로 이처럼 비장한 각오에서 시작된다.

또한 자신에 대한 믿음이 기적을 만드는 데 필수라고 생각한다. 나 역시 기적을 향한 첫출발, 도전을 향한 첫발이 시작된 때는 위암으로 투병할 때였다. 몸이 지극히 성치 않은 상태에서도 몸 관리는 하나도 신경 쓰지 않고 오직 성공이라는 기적을 만들기 위해 사력을 다하면서 이러다 혹시 죽는 게 아닐까라는 공포가 엄습했다. 그도 그럴 것이 그렇게 암 투병을 하면서 쓰러진 적도 많았고, 기절도 수 차례 했으며, 몸이 말을 듣지 않은 적도 많았다. 너무 무섭고 힘들어서 혼자 눈물을 흘렸던 그때 기적을 향한 기적이 울리기 시작했던 것이다.

힘들 때마다 나는 항상 나 자신에게 말했다.

'정수야! 넌 할 수 있는 놈이야! 넌 정말 성공할 수 있는 끼가 있는 놈이야! 정말 멋지게 기적 한 번 만들어 보자. 암으로 죽으나 멋지게 일하다 죽으나 똑같이 죽는 거잖아! 그러면 멋지게 일하면서 기적을 만들다가 죽자! 그게 박정수 너다워!'

나는 기적이란 당연히 고통을 수반한다고 믿는다. 기적과 고통은 떼려야 뗄 수 없는 관계다. 기적에 고통이 빠지면 맛이 심심해서 기적처럼 느껴지지도 않는다. 그러니 당신도 기적과 같은 결과를 일으키기 전에는 분명히 많은 좌절이 있을 테고, 지극히 불투명한 미래가 있을 것이고, 당신을 배신하는 사람들도 많이 나타날 것이다. 지극히 고통스러운 과정이 분명 존재할 수밖에 없다. 하지만 그럼에도 불구하고 당신이 그것을 끝내 이겨낸다면? 그것을 이겨낸 작은 성공이 하나 둘 모이고 모여 기적을 이루고, 그 기적을 이룬 사람은 훗날 그 어떠한 고통이 다시 닥쳐도 능히 그것을 즐기고, 언제든 웃으면서 이겨낼 강한 능력을 갖추게 된다.

성공의 맛을 내는 또 하나의 필수불가결한 양념은 간절함이다. 내 가족이 돈 걱정 없이 삼시세끼 제대로 먹고살게 만들겠다는 다짐도 간절함일 수 있고, 회사에서 반드시 최고가 되고야 말겠다는 것도 간절함일 수 있으며, 나이 40세에 꼭 내 회사를 차리고 말겠다는 것도 간절함일 수 있다. 나처럼 가난한 삶을 벗어나 베푸는 삶을 꼭 살고야 말겠다면서 아파트 100채를 목표로 하는 것도 간절함이요, 영업직에 있다면 수입 1억을 넘기고 말겠다고 다짐하는 것도 간절함일 것이다. 성공으로 가는 길에 간절함의 종류는 사람 수만큼 많다.

그런데 요즘 젊은이들 중에는 이런 간절함을 가진 경우를 찾아보기가 참 어렵다. 너무 쉽게 현실과 타협하고, 좀 아니다 싶으면 회사를 그만두고 빈둥대면서 자기가 잘되지 못하는 건 남 탓, 사회 탓, 회사 탓이라고 한다. 이런 이야기를 듣다 보면 가슴 한쪽이 답답해 온다. 한번은 계속 듣고 있다가 가슴 속 깊은 데에서 분출되는 화를 참지 못하고 욕을 해댄 적도 있다.

남 탓으로 일관하는 사람들, 이들은 내가 항상 생각하는 1:99의 법칙에서 99%의 사람들이다. 1:99 법칙은 지극히 당연하다. 1%만이 성공하는 세상! 어쩌면 그건 나 같은 사람에게는 너무나도 감사한 현실이다.

다시 말하지만 기적을 만들어내는 사람은 좋은 환경, 좋은 학벌, 좋은 직장을 가진 사람이 아니다. 지극히 평범하지만 열악한 조건과 환경에 처한 사람 중 그것을 벗어나려는 간절함을 가진 사람이 바로 기적을 만든다.

나에게는 코란도!
당신에게는…

나에게는 코란도 두 대가 있다. 흰색은 사용한 지 16년 정도 되었다. 내가 암에 걸리기 직전부터 사용했던 자동차다. 검정색은 내가 대구에 가서 중고로 구입했는데, 앰프 시설이 워낙 잘되어 있어 내가 힘이 빠지고 축 처질 때 차 안에서 음악을 아주 빵빵하게 틀고 다니는 용도로 타고 있다.

요즘에는 다른 차들을 놔두고 출퇴근할 때는 흰색 코란도를 탄다. 이 차는 내가 좋아하는 스틱이다. 시내에서는 왼발과 오른손을 한순간도 쉴 수 없다. 오토가 아닌 스틱이니 당연하다.

이런 재미 때문에 흰색 코란도를 타는 것은 아니다. 나는 어려운 부동산 시장 상황을 어떻게든 이겨내어 또 하나의 멋진 기적을 만들고자 한다. 대부분의 투자자들이 두 손 들고 포기한다 해도 나는 끝까지 버티고 이겨내 또 하나의 기적을 만들기를 원한다. 아무리 어려운 상황이 닥쳐도 나 박정수는 끝까지 해내고야 만다는 멋진 나만의 히스토리를 만들고자 한다. 내가 내 자신을 존경하고 싶어서다.

이런 생각을 하다 보니 예전 암 투병 중에 일할 때 타고 다녔던 '코란도'를 매일 출퇴근할 때 타고 다니자는 생각이 들었다. 솔직히 10여 년 전 암 투병 시에는 지금보다 힘들었다. 지금이야 단순히 부동산 시장이 좋지 않다는 점, 경제적으로 크게 손해를 보게 된다는 점이 문제일 수 있겠지만 그때는 목숨을 걸고 일하지 않았던가.

당시는 목숨을 잃느냐 마느냐의 문제였고, 경제적으로 죽느냐 사느냐의 문제였으며, 박정수가 이렇게 인생을 포기하느냐 아니면 재기하느냐의 문제였다. 그때는 박정수라는 사람이 기적을 만들고 만다는 증거를 내 자신에게 그리고 나를 비웃는 수많은 사람들에게 꼭 증명해보이고 싶었다. 그래서 흰색 코란도를 끌고 전국 방방곡곡을 돌며 밤낮 없이 보험 영업도 하고, 아파트 현장 조사도 하지 않았던가.

그 때는 정말 다른 것은 생각할 틈도 없었다. 몸이 말을 안 들어서 코란도 안에서 수차례 토하면서도, 눈에서 눈물이 나오는데도 무조건 직진이었다. 무조건 성공해야 했다. 정말 초라한 내 삶 자체가 얼마나 억울하고 화가 나던지.

내 인생에 계속 찾아오는 배신, 실패, 이혼, 암 등의 밑바닥 경험을 더는 하고 싶지 않아서 코란도를 끌고 다니며 천 원짜리 김밥과 옥수수를 씹어대며 꼭 성공하고 말겠다고 외쳤다. 그렇게 나와 함께 생사고락을 한 놈이 바로 이 차다.

이 흰색 코란도를 타다 보면 종종 예전 생각이 난다. '죽도록 힘들던 옛날도 아주 잘 버텼는데 지금 이런 어려움이야 아무것도 아니야'라고 나의 코란도가 말하는 것만 같다. 지금 코란도는 23만km를 뛰었다. 100만km를 함께해볼 생각이다.

당신도 나처럼 힘들고 어려울 때 위로받을 수 있는 보물과 같은 존재가 있는가? 사람이 힘들고 지칠 때는 뭔가 위로받을 수 있는 존재가 필요한 것 같다. 바라보기만 해도, 만져보기만 해도 저절로 힘이 나는 그런 존재 말이다.

"내 모습은 내가 만들어가는 거야!"

　몇 달 전 영화 한 편을 봤다. 주인공은 영국 가수라고 하던데 그룹 이름이 퀸(Queen)이라고 한다. 제목은 〈보헤미안 랩소디〉. 우리나라에서 크게 인기를 끈 영화여서 나도 한번 보고 싶었다. 그런데 내게 이 영화는 그리 감동적이거나 재미있지 않았다. 보컬 프레디 머큐리는 좀 이상한 성격의 소유자였고, 다른 멤버들은 정말 성실한 사람들이었고, 다들 음악을 좋아하는 꾼들이었다. 뭐 프레디 머큐리는 원체 노래에 소질이 있었나 보다.

　별 재미를 못 느끼며 영화를 보던 중에 갑자기 충격적인 말 한 마디를 들었다. 프레디 머큐리가 누군가에게 하는 말이었는데, "내 모습은 내가 만들어가는 거야!" 이 말을 들은 이후로는 영화가 끝날 때까지 다른 어떤 대사도 귀에 들어오지 않았다.

내 모습은 내가 만들어가는 거야!

내 모습은 내가 만들어가는 거야!

내 모습은 내가 만들어가는 거야!

내 모습은 내가 만들어가는 거야!

영화 상영 내내 머릿속에는 이 말만 무한 반복되고 있었다. 거의 1시간 반 동안 말이다.

내 인생, 내 모습은 내 자신이 만들어가는 것이다. 머큐리의 대사와 내 생각이 정확히 일치했다. 나는 항상 누군가와 비교할 수 없는 독특한 나를 만들고 싶었고 지금 그런 나를 만들어가고 있다.

대한민국에서 부동산 임대기업을 최초로 만들고 임대기업의 최고가 되는 나!

나만의 독창성으로 계속 진군하는 나!

언제나 유머와 위트로 중무장된 나!

상대방에 대한 배려로 상대방을 감동하게 만드는 나!

주어진 일에 있어 완전히 프로다운 모습으로 살아가는 나!

정의를 위해 타협하지 않는 나!

술 마실 때는 정말 감칠맛 나게 먹어주는 나!

힘들고 어려운 사람을 보면 가만히 있지 못하는 나!

항상 당당하고 자부심이 강한 나!

언제나 활기차게 웃고 사는 나!

힘들어하는 모습을 지극히 싫어하는 나!

미친 듯이 일하며 담배를 물고서 그 담배 연기에 단맛을 느끼는 나!

어떠한 어려움에도 미친 듯이 도전하는 나!

의리를 끝까지 지키는 나!

싸가지 없는 놈들에게는 강하고 선하고 착한 분들에게는 지극히 약한 나!

나는 이런 모습의 나를 만들고 싶다.

영화는 비록 내 취향이 아니었지만, 그 영화가 남긴 한 마디 대사는 내 가슴에 전율을 일으키기 충분했다.

"내 모습은 내가 만들어가는 거야!"

당신과 나 우리 함께 진정한 자신의 모습을 만들어가 보면 어떨까? 오직 당신만의 독창적인 모습 말이다. 절대 다른 사람이 따라서 할 수 없는 독창적인 그 모습! 당신의 모습은 당신이 만들어가는 것이 아니겠는가?

당신 주변에 대한 철저한 감사함은…

　나는 나에게 매일 일어나는 모든 일을, 그리고 주변의 모든 것에 감사를 느끼며 산다. 그냥 모든 게 다 감사하다. 나는 사무실에서 담배를 태운다. 직원들의 사무실과 나의 사무실은 완전히 다른 곳이고 내 방이 정말 감사하게도 통풍이 워낙 잘되어서 내가 일하며 담배를 물어도 다른 사람에게 방해되지 않는다. 이 얼마나 감사한 일인가.

　또한 나는 술 특히 막걸리를 잘 마신다. 한두 잔 마시고 취하는 사람이 아니라 누구 못지않게 주량이 세다. 아버지를 닮아서일 것이다. 과거 아버지의 주량도 엄청나셨다. 위암에 걸렸던 내가 이렇게 술을 잘 마실 수 있어 얼마나 감사한지 모른다. 술도 잘 마시고, 담배도 잘 피우고 정말 그저 감사할 일이다.

회사와 집 간의 거리가 워낙 멀어서 출퇴근만 3시간 가까이 걸리지만 이것도 감사하다. 이 시간에 운전을 하면서 듣고 싶었던 음악을 정말 많이 들을 수 있기 때문이다. 만약 출퇴근 시간이 짧다면 언제 이 음악을 들을 수 있겠는가?

내가 가진 아파트가 많다는 이유로 인터넷에 악플이 엄청나게 많다는 사실도 감사한 일이다. 그만큼 많은 사람들에게 알려졌기 때문일 테고 그중 누군가는 나를 본받아 올바른 임대사업을 할 사람도 생겨나지 않겠는가? 무관심 속에서 사는 것보다야 이렇게 관심을 많이 받는 게 훨씬 감사할 일이다.

사무실 내 방에서는 음악을 들을 수 있도록 앰프가 설치되어 있어 이 또한 감사하다. 그리고 내 주변에는 친구가 별로 없는데 항상 감사하며 지낸다. 예전에는 친구가 많아야 좋다고 생각했다. 하지만 친구라고 말하는 수많은 사람들이 다 나에게 와서 돈만 빌려달라기에 단호히 거절했더니 친구가 거의 다 없어졌다. 이제는 돈 빌려달라는 말 안 들어서 이 또한 감사할 일이다. 예전 직장인일 때는 돈을 쓸 때 항상 고민하고 또 고민해서 싸구려 물건들만 샀지만, 이제는 그런 고민 없이 물건을 살 수 있어서 감사하고, 사업을 하면서 별의별 이상한 사람들의 어처구니 없는 태도와 모습을 보면서 내가 지금 이렇게라도 품격 있게 살아가려고 노력하는 모습에 감사하다. 동생 가족들과 함께 식사할 수 있어 감사하고, 내 아내가 유방암으로 투병 중인 아픈 동생을 항상 신경써주는 게 감사하며, 두 마리 강아지 중 한 마리가 아직도 똥오줌을 못 가려서 매일 그거 치우는 것도 감사하다. 직원들이 매일 자기 일처럼 열심히 일해주는 것도 감사하고, 매일 아침 일찍 일어나 등산을 하면서 산 정상에서 "오늘도 화이팅!" 외치는 것도 감사하며, 누군가와 싸울 일이 있어도 내가 더 큰 사람으로서 더 많이 참는 것도 감사할 일이다. 또한 지금 이렇게 책을 쓸 수 있는 것도 감사한 일이다.

　세상은 감사할 일들로 가득하다. 감사는 삶에 대한 열정을 샘솟게 하며, 성공으로 가는 길에서 물을 건널 징검다리가 되어준다. 그러니 감사함 없이는 성공이라는 목적지에 도달하기가 매우 어렵다. 아니 결코 도달할 수 없다.

34

두려움을 딛고 서서 당당히 맞서라

중학교 때로 기억한다. 학교를 마치고 집으로 돌아가는데, 불량한 아이들이 나를 골목에 밀어넣더니만 가지고 있는 거 다 내놓으라고 했다. 내가 가진 돈은 겨우 몇 백 원. 잠시 후 신고 있는 신발을 벗으라고 했다. 그래서 벗어줬는데 신발을 다시 내게 던지면서 화를 냈다. "야, 신발 좀 좋은 거 신고 다녀!"

아버지는 내가 유명메이커 운동화를 신고 다니는 것을 매우 싫어하셔서 항상 시장표 신발을 신었는데 덕분에 그런 행운도 겪었나 보다. 당시에는 나보다 키도 크고, 덩치도 크고, 말도 험한 깡패 같은 아이들이 참 무서웠다. 지금 생각하면 고등학생 정도였던 것 같은데, 학창시절 2~3년 차이는 넘을 수 없는 벽이 아니던가.

하지만 지금은 깡패보다 사회생활을 하면서 만난 사람들이 더 무섭고, 경제적인 문제가 더 무섭다. 그런데 내 머리가 컸기 때문인지는 모르겠으나, 십여 년 전부터 나는 인생에 두려워하는 일이 생긴다는 사실이 무척 쪽팔린다는 생각을 멈출 수 없다. 어떤 대상이 아닌, 나 스스로에게 쪽팔리더라는 말이다. 내 자신이 얼마나 못나 보이는지 모른다.

내가 모든 일에 도전적, 적극적, 진취적인 이유는 그 쪽팔림이 너무나 싫고, 어떤 일을 두고 두려워하는 내 자신에게 짜증이 나기 때문이다. 도대체 얼마나 못났으면 일어나지도 않은 일을 미리 걱정하고 머리 싸매고 있단 말인가. 실제로 시간이 지나보면 정말 아무것도 아닌 일인데 말이다.

주변을 둘러봐도 어려운 일이 생기면 다들 걱정부터 한다. 타고난 인간의 본성을 바꿀 수는 없나 보다. 이처럼 걱정과 두려움이 인간의 자연스러운 감정임을 잘 알고 있으면서도 정작 내가 그런 모습에 빠지는 것은 너무나 싫다.

그래서 나는 인간의 나약한 본성을 뒤로하고 일단 부딪혀 보는 습관이 있다. 제 아무리 무서운 사람을 만나도 막상 부딪혀 보면 다들 나와 비슷하거나 나보다 못난 사람이 허다하다. 그런데 그런 사람 때문에 두려워하다니 얼마나 한심한 일인가? 그래서 부딪히고 부딪히고 또 부딪혀 보는 것이다.

경제적인 문제에 봉착해서 두려운가? 세상을 살다보면 정말 무서운 일들은 그런 데 있지 않다. 이런 일들은 이를 악물고 도전하면 뛰어넘을 수 있으며 해결할 수 있다. 문제는 어렵다, 나는 못한다 하며 부딪히기도 전에 무릎을 꿇는 데 있다.

나는 어떻게 생겨먹었는지 내 자신에게 쪽팔리는 것을 못 참겠다. 내가 왜 세입자 때문에 스트레스를 받아야 하는가? 나는 진상 세입자에게 욕을 한 적도 꽤 있었다. 참다 참다 더는 참기 어려운 지경에 이르면 심한 욕도 하고, 듣기 거북할 만큼 험한 말을 한 적도 많다. 누가 내 욕을 듣더니만 "대표님이 그렇게 무서운 욕을 다 하느냐"고 했다.

나는 도를 닦는 사람이 아니다. 그래서 한계를 넘어서는 사람에게는 욕을 해야 한다. 그게 맞다고 생각한다. 내가 왜 무조건 참아야만 하나? 참고만 사는 모습이 나는 쪽팔린다. 참고 있는 나를 보면 내 자신에게도 욕이 나온다. 지진이 났는가? 전쟁이 일어났는가? 그런 일은 두려워해도 된다. 하지만 세상 살아가는 그 무수한 일에 두려워하고 무서워하고 할 게 뭐가 있단 말인가.

역사를 빛낸 영웅들이라고 왜 무섭지 않겠는가? 이순신도 그렇고 정주영도 그렇고 안창호도 그렇다. 무섭지 않다면 인간이 아니다. 하지만 그분들도 나와 같은 생각이었을 것이다. 그렇게 무서워하다가도 자기 자신을 믿고 무조건 돌파하고 도전했고 폭탄을 던진 것이 아닌가? 만약 그들이 두려움을 이기지 못했다면, 배 12척으로 수백 척을 이기지도 못했을 것이며, 서양의 거대 기업과 싸워볼 엄두도 못 냈을 것이다.

예를 들어 나는 세입자가 아주 싸가지가 없으면 참고 참고 또 참다가 나중에는 그냥 욕을 한다. 그리고 나면 속이 다 시원하다. 내가 뭐가 아쉬워서 무조건 참아야 한단 말인가.

그동안 내 주변에는 나를 이용하려 했던 사람들이 많았다. 난 그들을 이기기 위해, 그리고 그들이 나를 무서워하게 만들기 위해 이렇게까지 부를 쌓아왔다. 그들 중에는 나에게 협박을 했던 사람도 많았지만 나는 굴하지 않고 당당하게 말했다. "몇 년 안에 내가 너를 다시 찾아올 것이다. 그 때가 되면 너는 내가 무서울 것이다"라고.

두려움, 무서움은 인간의 본성이기에 마음에서 저절로 생기는 것까지 어떻게 할 수는 없다. 하지만 두려움을 넘어설 수는 있다. 그래야만 당당하고 멋지게 살 수 있다.

35
상황이 어려워야 하루하루가 즐거워진다

한 회원분이 나를 찾아오셨다. 최근의 관심사, '최악의 부동산 상황에서 어떻게 해야 하는가'를 상의하고 싶어서였다. 여러 대화를 나누던 중 그분이 나에게 한 마디 한다.

"아니, 대표님! 부동산이 이 정도로 지독하게 힘든 상황인데, 대표님 표정은 왜 이렇게 밝으세요? 저는 아파트 몇 채 있는 거 가지고서도 이렇게 가슴이 답답하고 힘든데 대표님은 하나도 안 힘든 거 같습니다. 어떻게 그러실 수 있죠?"

나는 이렇게 대답했다.

"지금처럼 힘든 상황에서 힘들다고 이야기를 하면 말입니다. 저의 상황이 더욱 악화됩니다. 원래 세상 사는 게 그래요. 힘들다고 이야기하면 할수록 개선되기는커녕 더 악화되기만 해요. 반면 악착같이 이겨내고야 말겠다고 다짐하고 또 다짐하면서 밝은 모습으로 생활하고, 좋은 기(氣)를 발산하면서 살면 갑자기 해결책이 번뜩 생각나기도 하고, 또한 그 어려움을 이겨내기 위해서 악바리 같이 움직이다 보면 내 자신이 어려움 따위에 휘둘려 힘들어한다는 게 용서가 안 되는 겁니다. 게다가 제가 이런 큰 시련을 또 이겨낸다면 얼마나 멋지고 기쁜 일입니까? 분명 신이 이런 큰 시련을 이겨내는 제 모습을 보려고 어려움이라는 선물을 주신 겁니다. 지금보다 더 큰 사람이 되라고 말입니다. 그러면 능히 그분 뜻대로 이겨내야죠. 전 오히려 지금 하루하루가 더 기쁩니다. 제가 생각하지도 못했던 이런 큰 어려움을 이겨내는 모습이 대견하잖아요. 정말 제가 봐도 대견한데 말입니다. 그런데 뭐 얼굴 찡그릴 게 뭐 있답니까? 하루하루 즐거워 죽겠는데 말입니다."

그렇다. 나는 지금의 어려운 상황을 이겨내는 하루하루가 즐겁다. 물론 나도 피가 마를 것 같은 날도 있고, 식은땀이 날 때도 있으며, 전세 만기가 돌아와 세입자에게 보증금을 지불하기 위해 대출을 받으러 여기저기 돌아다닐 때도 있고, 수많은 스트레스를 달래려 줄담배를 물기도 한다. 어쩌면 이런 일들의 연속이다. 하지만 지금의 이 어려운 시간을 끝까지 포기하지 않고 버티고 이겨내면 나중에는 어떤 큰 어려움이 와도 '이것쯤이야' 하면서 웃어넘기는 경지에 오를 것이 아닌가.

앞서 나는 쪽팔림이 싫다고 했는데, 그에 더해 현실에 굴복하는 성격이 아니다. 어둠 속에서도 빛을 찾고, 방법이 없으면 새로운 방법을 만들고, 주변 모든 사람들이 불가능하다고 말할 때 가능성이 분명히 있을 테니 기다려 보라고 말한다.

나의 이런 성격을 내 주변 사람들은 잘 이해하지 못한다. 하긴 어머니도 내 성격을 도저히 이해 못하겠다고 하신다. 나도 내가 왜 이렇게 생겨먹었는지 모르겠다. 도무지 현실에 무릎을 꿇을 줄을 모른다. 무조건 도전이다. 안 좋은 현실을 맞이하면 웃으면서 말한다.

"어쭈! 그래? 나와 또 한번 싸워보겠다고?"

매일 도전하고 현실과 싸우면서 더 거대한 나를 만들어나가는데, 사는 게 얼마나 재미있겠는가?

36

사업을 해보라

아버지는 내게 그저 편한 길을 가라고 하셨다. 공무원이나 의사, 공기업 등 안전한 길이 최고라고 주장하셨다. 하지만 다행스럽게도(?) 아버지의 바람과 달리 공부를 잘하지 못해서 대학 졸업 후 공기업에 간신히 취직했다. 그런데 공기업을 다니면서 '세상에! 삶이 이렇게 재미없을 수도 있구나'를 느꼈다.

나는 전작 『바보부자』에서 그동안 걸어왔던 내 인생을 이야기했다. 내 인생은 다른 사람에 비해서 굴곡이 참 많았다. 지금 생각해도 '어떻게 그렇게 살 수 있었나'라는 생각이 든다. 그런데 지금도 『바보부자』에서 기술했던 이전과 비견될 정도로 수많은 일들을 겪으며 살고 있다. 과거에도 굴곡이 많았지만, 지금도 과거 못지않게 굴곡이 많다. 사업을 하다 보니 더욱 굴곡진 인생을 살고 있는 것이 아닌가 짐작한다. 이유가 무엇이든, 나에게 닥친 문제들을 하나씩 하나씩 어렵게 해결해 나가고 있다.

보통의 삶을 살고자 하는 사람, 안정된 삶을 살고자 하는 사람은 절대 사업을 하지 말아야 한다. 사업을 하면서 절실히 느낀다. 정말 조용하고 안정을 위주로 하는 사람은 사업을 하면 안 된다. 감당하기 어려울 만큼 스트레스가 많을 것이고, 걱정이 태산을 이룰 만큼 쌓일 것이다. 자금 문제, 직원 문제, 거래처 문제 등 예상하지 못한 문제들이 쉬지 않고 발생한다. 정말 마음이 약한 사람이라면 극단적인 선택을 할 수도 있다.

하지만 도전이 좋고, 성취욕이 강한 사람은 꼭 사업을 해보라. 그러면 보고 배우는 바가 정말 많을 것이다. 극한의 스트레스를 받으며 힘든 일을 하나씩 처리해 가면서 많은 것들을 배우고, 사람관계에 대해서도 일반적인 생활을 할 때와는 비교할 수 없을 정도로 많이 배우게 되고, 직원들과 함께 일하면서도 많은 것을 배우고, 세무적인 것들도 더 많이 배우게 된다. 월급을 받으면서는 결코 경험할 수 없는 것들이다.

때로는 한계에 부딪혀 자신에게 화가 날 수도 있다. 해결책을 찾지 못해 밤을 하얗게 지새울 수도 있다. 그렇게 고민과 고뇌의 시간을 보내면서 어떻게 하면 더 많은 수익을 창출할 수 있는지 터득하며 점차 성장한다. 자신에 대한 고민도 더 많이 할 수 있는 시간들이기도 하다. 나는 훗날 자식들에게 권유할 예정이다. 무슨 일이 있어도 꼭 사업을 하라고.

당신을 이끌어줄 사람을 찾아라

한때 보험설계사로 일한 적이 있었다. 당시 내 인생은 불 꺼진 터널을 지나고 있었다. 실적 꼴등, 아내와의 갈등과 이혼, 주변 사람들의 배신, 사기 등 아픈 경험은 종류별로 다 해봤던 시기였다. 하지만 나는 주저앉아 있지 않고, 잘나가는 전문가나 유명인들을 찾아다녔다. 지갑은 얇은데 그분들의 상담료는 숨이 멎을 만큼 비쌌지만 그래도 기꺼이 지불했다. 이 비천한 생활을 벗어나는 가장 빠른 방법은 그들을 만나 이야기를 듣는 것이라고 생각했기 때문이다.

상담료로 들어간 돈만 수천만 원. 오늘날의 시세로 환산하면 1.5배는 될까? 마이너스 통장도 모자라서 또 돈을 구하러 다녔고, 그렇게 어렵게 구한 돈으로 또다시 성공한 사람들을 만나러 다녔다.

너무나 성공하고 싶었다. 내 주변의 보험설계사들에게는 배울 점이 거의 없어서 밖으로만 돌았고, 당장은 따라갈 수조차 없는 수준의 사람들을 만났다. 그때 만난 사람 중 내 마음에 가장 큰 울림을 준 사람은 『바보부자』에서도 소개했던 광주의 수천 채 아파트를 가진 분이었다. 그분의 말씀이 아직도 귀에 생생하다.

"어이, 박 사장! 네가 그동안 만났던 사람이 부자냐? 내가 더 부자냐? 내가 비교할 수 없을 정도로 더 부자인 거 같은데? 그럼 내 말대로 해! 분명히 다른 사람들은 나와 다른 말을 할 거야! 그 사람들 말에는 귀를 닫고 무조건 내 말대로 해! 그럼 성공한다!"

그날 이후 나는 그분의 말씀대로 살았다. 내가 이 어려운 시기에 꿋꿋하게 버틸 수 있는 원동력도, 돈을 목적으로 하지 않고 신뢰를 지키기 위해 노력하는 것도 어쩌면 그분의 말씀 때문인지도 모르겠다. 그때 성공한 사람들을 미친 듯이 찾아다녔기에 지금의 내가 있는 것이고, 지금의 PJS컨설팅이 있는 것이며, 이렇게 나를 믿는 분들과의 관계가 있는 것이다.

혹시 지금 어려운 상황에 직면해 있다면, 혼자서 끙끙대지 말고 당신이 정말 선망하는 대상을 만나러 길을 떠나보라. 그 길 가운데서 현인(賢人)을 만나게 될 것이다. 나도 그랬으니까.

어려움이라 불리는 큰 선생

분명하다. 지금 내가 겪고 있는 어려움은 신이 주신 선물이다. 버틸 만하니까, 앞으로도 한참 더 커가야 하니까, 지금 나에게 어려움을 주신 것이다. 더 큰 사람이 되고 더 큰 회사를 만들라고 신이 나에게 명령하시는 듯하다. 회의 시간에도 나는 이런 마음을 직원들에게 고스란히 전달한다. 실제로 어려움 속에서 너무나 많은 것들을 배우고 있으니 그 사실을 전하지 않을 수 없다.

어려움이 없이는 배우는 것도 없다. 어려움이 있으니 회사를 운영할 때 무엇을 조심해야 하고 어떤 것을 유의해야 하는지도 이제야 제대로 볼 수 있다. 이렇게 어려울 때는 상대방의 본성이 나오기에 나는 그들의 모습 속에서 더 큰 것을 배운다. 그저 다행이고 감사할 따름이다.

편하고 평온할 때 신은 침묵한다. 오늘 내가 무엇을 깨달았는지 아무 생각이 나지 않고, 1cm도 앞으로 나아가지 못한 느낌을 받는다. 그래서 얻어진 것 없는 평온한 삶보다 하나라도 얻어지는 어려운 삶이 좋다.

나는 신기하게도 어두운 생각 속에 잠기면, 불과 20~30초 만에 내 자신에게 욕을 한다.

"아이고! 이 병신 같은 놈아! 천하의 박정수가 그거 가지고 이렇게 고민하고 있냐?"

"참 지랄을 한다. 지랄을 해! 이 정도 가지고 고민하려고 그동안 그렇게 수많은 고생을 하고 살았어?"

"이미 벌어진 일은 그냥 받아들이면 되지 왜 아직도 고민하고 지랄이냐! 그냥 생각하지 마, 이놈아!"

당연한 말이지만, 해결이 안 되는 문제는 고민할 필요가 없다. 내가 아무리 고민한들 부동산 시장이 내 뜻대로 움직이겠는가? 답이 안 나오는 문제는 그냥 그렇게 지내면 된다. 괜히 가만히 있는 나를 괴롭힐 이유가 없다.

고민할수록 해결의 실마리가 풀리는 문제들도 많다. 그런 문제는 죽도록 집중해서 반드시 풀어야 한다. 그래야 해답을 얻을 수 있으니까. 문제를 풀다 보면 정답, 즉 좋은 아이디어가 떠오른다. 나조차도 깜짝 놀랄 만한 훌륭한 생각들이 '반짝' 하고 불을 밝힌다. '내가 이렇게 아이디어가 풍부한 사람이었나?' 하고 놀랄 때가 많다. 사실은 뜻이 있는 곳에 길이 있다는 말처럼, 너무 간절하다 보니 초능력이 발휘되었을 것이다. 그런 아이디어는 다음날 써먹어보면 참 잘 먹힌다.

좋은 아이디어는 간절함에서 나오지만, 그 전에 밝고 쾌활한 모습, 활기찬 태도를 가진 사람에게서만 나오는 것이다. 그렇지 않고 어두운 방안에 홀로 앉아 있는 사람, 등에 걱정을 지고 있는 사람, 짜증과 스트레스를 주체하지 못해 주변에까지 피해를 주는 사람에게는 좋은 아이디어도 나오지 않는다. 재미있고 유쾌한 삶을 살아보자. 이미 벌어진 일, 왜 걱정하는가? 억지로라도 유쾌한 삶을 살다 보면 번개처럼 좋은 아이디어가 떠오를 것이니 걱정하지 말자.

나는 중요한 결정을 앞둔 때일수록 걱정을 덜 하는 편이다. 그 상황을 머릿속에 정리해 놓고, 마냥 즐겁게 지낸다. 데드라인이 얼마 남지 않았어도 걱정 없이 그저 유쾌하게 지낸다. 그러다 보면 꼭 하루 이틀 전에 좋은 아이디어가 번뜩인다.

만약 내가 '중요하다'는 강박관념을 갖고 마냥 고민만 하고 있었다면 과연 그렇게 좋은 생각이 떠올랐을까? 아마도 아닐 것이다. 분명히 또 담배를 태우며 고민하다가 내 자신에게 욕을 할 것이다.

"병신 같은 놈! 또 지랄을 하고 있네!"

모든 선택은 내가 한 것이다.
그러므로 책임도 내게 있다

상황이 좋을 때는 밝고 웃는 모습으로 지내는 게 어렵지 않다. 그러나 조금이라도 상황이 악화되면 얼굴에 웃음기가 싹 빠지기 쉽다. 하지만 나는 그런 태도가 별로 마음에 들지 않는다.

얼마 전 내가 아끼던 후배가 "아파트 상황이 이렇게나 안 좋은데, 어떻게 해야 하느냐"고 계속 볼멘소리를 했다. 결과가 좋았던 몇 개월 전까지만 해도 "너무 고마워서 뭐라 말해야 할지 모르겠다, 언제나 충성하겠다"고 말했던 후배였다. 그의 불평에는 '부동산 하락이 모두 다 PJS 때문이다'는 감정이 실려 있었다. 계속 문자가 오기에 더는 못 참고 후배에게 전화해서 크게 화를 냈다.

나는 지금까지 살아오면서 아무리 힘들어도 누군가를 탓한 적이 없다. 모든 투자는 나 자신의 선택이고 누군가에게 의지한 투자도 결국 내 선택이다. 누구에게도 탓을 돌릴 수 없다. 잘 되면 내 탓, 잘못 되면 남 탓은 인지상정이다. 사람은 모두 자기중심적으로 살기 때문이다. 그러나 남 탓만 해서는 결국 성공의 좁은 문을 들어갈 수 없다. 남 탓으로 돌리면 그만이기 때문에 아무것도 배울 수 없다.

좋을 때는 춤이라도 추겠다는 사람이 상황이 조금 안 좋아졌다고 남 탓으로 돌리면 되겠는가? 그런 사람을 누가 도와주겠는가? 내 마음이 답답한 만큼 나의 볼멘소리를 듣는 당사자도 기분 상하기 마련이다. 그러므로 다시는 도움을 기대할 수 없는 관계가 되고 만다. 사람을 잃는 그런 행동, 아무것도 배울 것 없는 그런 행동은 반드시 삼가야 한다.

나는 이 후배를 만나면서 내가 살아가는 방식을 가르쳐주고 싶었다. 꽤 오랜 시간 함께했기에 애정으로 대했다. 그런데 이 일이 있고 나서는 더 이상 만남을 가질 필요가 없다는 생각만 들었다.

만약 누가 남 탓을 많이 할 수 있는지 배틀을 연다면 나는 그 후배보다 수천 배는 더할 수 있다. 나에게 일어나는 일이 남 탓이 아닌, 나 스스로 결정한 일의 결과라는 사실을 잘 알기 때문에 남에게 탓을 돌리지 않는 것뿐이다. 다 큰 어른이 자신에게 일어나는 불행한 일을 누군가의 탓으로 돌리는 것은 부끄러운 행위다.

반드시, 무조건, 꼭, 기어이

한 사람의 미래는 '마음먹기'에 달려 있다. 부자가 되는 것도 마찬가지다. '내가 어떻게 부자가 되겠어? 부모님이 가난한데 내가 무슨 수로 부자가 돼? 학벌이 좋지 않아 잘되기는 글렀어!'라고 푸념하는 사람들은 아무리 시간이 지나고 나이를 먹어도 부자가 될 수 없다. 반면 지금 내가 하고 있는 이 부동산 투자가 나를 부자로 만든다는 강한 확신과 강한 믿음은 나를 부자로 만드는 원재료가 된다.

처음 아파트를 계약했던 때가 기억난다. 경험이 일천했던 나는 계약서에 도장을 찍는데 가슴이 조마조마해서 손까지 떨렸다. 혹시나 이 돈을 떼이진 않을까? 아파트 계약을 하고 나서 집주인이 돈을 들고 튀지나 않을까? 갑자기 아파트 가격이 크게 떨어지지 않을까? 이런 어처구니없는 생각들을 얼마나 많이 했는지 모른다. 나도 이렇게 바보 같았다. 3백 채를 가진 나도 첫 경험은 그처럼 어려운 일이었다.

손은 비록 떨렸지만 확신도 있었다. 워낙 많은 실패를 맛보았기에 혹시 이번에 실패해도 많은 실패 중 하나일 뿐이고, 성공한다면 이번을 계기로 아파트 투자를 계속하여 반드시 부자가 되겠다는 확신이었다.

나는 주머니 속에 아파트 목표 채수를 적어 들고 다녔다.

'2011년 내에 100채.'

내가 가진 돈이 많아서였을까? 절대 아니다. 내가 가진 것이라곤 반드시 성공하고 말겠다는 강한 의지뿐이었다. 그리고 진심으로 간절히 원하면 우주가 나의 소망을 도와주기 위해 돌아간다는 믿음으로 똘똘 뭉쳐 있었다.

없는 돈은 주변 사람들에게 빌리거나, 대출을 받아 힘들게 구했다. 지방을 돌고 또 돌았다. 그러면서 외쳤다. "난 무조건 성공한다. 꼭 성공하고 만다. 무슨 일이 있어도 100채를 만든다. 이번만큼은 목표를 이루고 말리라. 나 박정수는 기어이 성공하고 말 것이다."

점차 부동산이 나의 눈에 들어왔고, 점점 나의 목표에 다가가기 시작했다. 바로 이 믿음이 지금의 성공한 나를 만들었다.

영웅으로 산다는 것

나에게는 미친 놈 기질이 있다. 평범하게 살기 싫고 보통 사람들과 어울리기 싫고, 술을 먹더라도 힘차게 먹어야 하고, 막걸리도 벌컥벌컥 마셔야 하고, 항상 큰 소리로 말해야 하고, 놀 때는 정말 미친놈처럼 놀아야 하고, 하루하루 심장이 터질 것 같은 인생을 살아야 하고, 언제나 뭔가 더 도전할 게 없을까 고민해야 한다. 그래야만 피가 끓어오르는 느낌을 받는다.

나는 보통 사람이 아니라고 항상 속으로 외친다. 그렇게 남들과 똑같이 살 바에야 살지 말라고 외친다. 난 언제나 내 자신을 영웅이라고 외친다. 암 투병 중에 아파트 100채를 갖고 말겠다고 외친 것도 이런 맥락에서였다. 항암 투병을 시작할 때 바로 공인중개사 시험을 준비해 3개월 만에 합격한 것도 이런 맥락에서였다. 아픈 몸을 이끌고 보험 영업을 할 때 남들에게 돈에 환장한 놈이라는 말을 들으면서도 미친 듯이 일해 지점에서 1등을 한 것도 이런 맥락에서였다.

난 영웅이니까, 그저 평범한 보통 사람이 아니니까. 암에 걸려서 일을 못한다는 핑계를 대는 놈이 아니니까. 나는 과거에 영웅처럼 살고자 했고 지금은 더 큰 영웅으로 살고자 한다.

한강이 보이는 아파트를 사겠다고 다짐하고서 곧바로 행동으로 옮긴 것도, 일반 사람들이 생각도 못한 금액으로 계약한 것도 영웅이 되고 싶어서였다. 불안은 없었다. 불안보다는 내 자신을 더 크게 만들어야 한다는 채찍질이 더 컸다. 어떻게 해서든 아파트 금액은 마련하게 되어 있다고 외쳤다. 나는 알고 있다. 가능하다고 생각하고 행동으로 옮기면 현실로 이루어진다는 사실을. 왜? 난 영웅이니까.

영웅을 만들어내는 것은 환경이 아니라 자신이며, 스스로 환경을 만든다. 10억이 넘는 전원주택을 계약할 때도 마찬가지였다. 보통은 쉽게 결정하지 못할 문제를 나는 단시간에 결정하고 곧바로 계약했다. 거기에 걱정 따위는 없다. 대신 나의 꿈인 전원주택을 마련해서 훗날 거기서 행복하게 지내는 미래만 생각했다.

미래의 나를 생각하면 항상 기대가 된다. 얼마나 큰 영웅이 되어 있을까? 영웅들은 주변의 사소한 이야기에 신경 쓰지 않는다. 오직 자신만의 철학을 가지고 산다. 워낙 많은 경험과 실패가 있었기에 자신의 철학이 얼마나 깊은지 잘 안다.

주변 사람들은 이제 그만하면 됐으니 앞으로는 일도 좀 줄이고, 즐기기도 하며 살라고 한다. 맞다. 그렇게 살 수도 있다. 하지만 나를 통해 기뻐할 회원분들을 생각하면 가만히 있을 수도, 멈출 수도 없다.

이와 관련된 사례가 하나 있다. 얼마 전 나는 내 아파트 세입자가 아닌 회원분의 아파트 세입자와 협상을 했다. 처음에는 공인중개사를 통해 세입자와 협상을 해보라 했지만 중개사도 이 세입자가 진상 중에 진상이라며 어찌지 못하겠으니 박 대표님이 좀 도와달라는 취지의 부탁을 해왔다.

'나도 할 일이 태산인데 이런 협상까지 해야 하나.'

내가 이렇게 생각했을까? 천만에 말씀이다. 내 협상 능력을 펼쳐서 나를 믿고 있는 회원분에게 해결된 모습을 보여드리고 싶었다. 왜냐고? 난 나의 회원들에게 영웅이 아닌가?

그냥 대충 할까? 어차피 모를 텐데.

웃기지 마시라. 내가 그랬으면 지금 회원분들에게 교주란 말을 듣지 못한다. 나중에 공인중개사님에게 연락이 왔다. 어떻게 그 사람이 우리 주장대로 따르게 했느냐고, 대표님 아파트도 아닌데 그렇게 최선을 다하느냐고, 그 세입자가 보통이 아니던데 어떻게 설득했냐고, 참으로 대단하시다고.

나는 나 자신만의 영웅이 아니라 나를 믿는 회원들에게도 영웅으로 살고자 한다. 긍정적인 영웅, 성공한 사람들의 대표로서의 영웅, 누구도 편견을 가지고 대하지 않는 영웅, 나를 믿는 분들에게 최선을 다하는 영웅이 되려 한다. 이런 사람으로 산다는 것도 참 즐거운 일 아니겠는가?

내가 아파트 소유를
수백 채까지 늘린 이유

나는 3백여 채의 아파트를 가지고 있다. 몇 십 채도 아니고 3백 채라니 나 스스로도 가끔 놀란다.

소유한 아파트가 많아지면서 세입자와 관련된 여러 문제들도 시작되었다. 아파트 수리부터 세입자가 나가고 새로 들어오는 일, 세입자와의 법적 문제 등 임대 관련 일들이 생각보다 많았다. 문득 '이 일이 생각처럼 쉬운 일이 아닐 수 있겠구나' 하는 생각이 들었다. 동시에 문제들을 해결해 가면서 알지 못할 희열과 재미도 느끼게 되었다.

아파트가 수십 채로 불어나자, 수천 채의 아파트를 관리하는 임대관리 기업을 차려보고 싶은 생각이 들었다. 단순히 부동산 중개사에게 맡기는 주먹구구식이 아니라 내 아파트를 기업형으로 관리하고 싶은 욕구가 생겼다.

연구를 계속하다 보니 일본에서는 임대관리 회사가 기업형으로 중개, 유지, 관리 등을 모두 다 관할하고 있으며, 그 수가 아주 많고, 크게 번성하고 있다는 사실을 알게 되었다. 이후 몇 십 채가 아니라 수천 채의 아파트를 소유해서 일본처럼 임대 관리 기업을 만들어야겠다는 의지를 갖게 되었고, 회원분들의 아파트도 모두 다 관리하는 멋진 기업을 만들고 싶었다. 이전에 없던 큰 규모의 임대관리 기업을 만들겠다는 야심차고 당돌한 꿈이었다. 이처럼 큰 꿈은 정주영 회장님의 책을 읽은 후에 생겼다. 책에서 그는 뭐든 작게 생각하지 말고 크게 생각해야 하며, 생각대로 행동해야 한다고 역설했다. 내 마음에 와닿는 말이었다.

생각을 행동으로 옮기기 위해 3년 전 나는 직접 일본에 가서 임대관리 전문기업을 탐방하기까지 했다. 그리고 지금 PJS컨설팅은 3000채 가까운 아파트를 관리하고 있다.

나는 내가 소유한 수백 채의 아파트를 가지고 투기를 하고 싶은 마음은 전혀 없다. 오히려 나의 아파트를 통해 우리나라 아파트 시장에서 임대관리의 새로운 역사를 만들고 싶다. 'PJS컨설팅'이라는 임대관리 전문회사를 통해 우리나라에 올바른 임대관리 문화를 최초로 만들고 싶고, 이후 수천 수만 채의 아파트를 임대 관리하는 거대한 기업을 만들고자 한다.

내가 아파트 수를 수백 채까지 늘린 이유가 바로 이것이다. 단순히 아파트를 얼마에 사서 얼마에 팔아 시세차익을 남기고 싶었다면, 이렇게 수백 채를 사지도 않았을 것이며, 계속 팔지 않고 가지고만 있지도 않았을 것이다. 얼마간 올랐으면 팔아서 수익의 재미를 만끽하지 않았겠는가.

세금이 많이 나왔다면
매우 기쁜 일이다

나는 세금을 많이 낼 수 있어서 행복하다. 절세 방법을 익히고 합법의 범위 내에서 세금을 피하는 것은 맞지만, 그렇게 해서도 세금이 많이 나왔다면 그건 기쁜 일이다. 세금은 이익에 비례한다. 그러니 세금이 많이 나왔다는 의미는 이익이 그만큼 많았다는 증거다. 많이 벌었으니 세금을 많이 내는 것이 맞다.

나와 친한 한 분을 위해서 아파트를 매매해 드렸는데 양도소득세가 많이 나왔다고 울상이었다. 아니, 이게 무슨 말인가? 양도세가 많다는 것은 그만큼 그 아파트가 그동안 많이 올랐다는 말 아닌가? 그러면 무척 기쁜 일이다.

투자를 잘해서 아파트 가격이 올랐고, 지금처럼 힘든 시기에 오른 아파트를 팔아서 이익이 생겼으니 좋은 일이다. 자본주의 사회에 살면서 이익만큼 세금을 내는 것은 당연한 기쁨이자 의무이다.

아파트 가격이 떨어지면 양도세도 안 나온다. 그러면 기쁜가? 세금은 둘째 치고 아파트 가격이 떨어져서 수천만 원 손해를 보면 그게 슬픈 일이다. 수익을 내놓고도 세금 때문에 슬퍼한다면 그런 모습은 당당하지 못하다.

재벌총수나 유명인들이 탈세로 처벌을 받는 모습을 보면 우리는 손가락질을 한다. 하지만 생각해 보면, 금액의 차이만 있을 뿐 탈세를 한 유명인과 세금을 내기 싫어 투덜대는 사람과 무슨 차이가 있는가? 사람의 마음은 다 똑같다. 없는 사람들은 유명인에게도 손가락질을 하지만, 아파트로 큰 수익을 내놓고도 세금을 내기 싫어하는 사람에게도 손가락질을 한다. 차이가 없기 때문이다.

이익의 일부가 세금으로 빠져나가는 상황은 분명 가슴 아픈 일이다. 투자라는 행위를 했는데 한 푼이라도 더 남기고 싶은 마음은 당연하다. 그렇더라도 당당히 기뻐하며 세금을 내자.

세금을 안 내고 싶어서 마음을 졸일 필요가 없다. 나도 열심히 절세를 한다. 세무사에게 최선을 다해달라고 부탁한다. 하지만 결국 매년 수억 원의 세금을 내야 할 때면 기쁘게 웃으면서 낸다. 얼마나 좋은 일인가? 예전보다 사업 규모가 월등히 커져서 매년 수억 원의 세금을 내는 사람이 되었고, 그 세금이 대한민국 정부의 정책에 사용된다니 기뻐 미칠 일 아닌가?

소득세가 많이 나와서 미치겠다고? 에이, 그러지 마시라. 그만큼 소득이 많았다는 말 아닌가? 영광스럽고 자랑스러운 일이다. 자랑하라는 말이 아니라 스스로 대견해 하라는 말이다. 어떤 사람은 한 달에 200만 원도 못 벌어서 세금도 많이 내지 못한다. 세금을 못 내는 그 사람이 부러운가? 아니지 않나?

세금은 국민의 신성한 의무가 아닌가? 낼 건 내고 큰소리를 쳐야 한다. 세금 아끼려고, 안내고 싶어서 별의별 소리를 다 하는 모습은 별로 아름답지 않다. 내 입장에서는 쪽팔리는 일이다. 내야 할 세금 잘 내고, 세금 많이 내서 기쁘다고 술 한 잔 하고, 그만큼 세금을 많이 냈으니 "나는 애국자다"라고 큰소리치며 다리 쭉 뻗고 자면 된다.

나는 아파트를 팔지 말자는 주의다. 솔직히 말해 아파트는 그냥 가지고 있으면 내는 세금이 지극히 미미하다. 아파트를 구입해서 주택임대사업자로 등록하면 세금 걱정 별로 할 것도 없다. 매년 내야 하는 재산세도 감면 받고 종합부동산세도 면제 받고 간주임대료라는 것도 나처럼 수백 채 아파트를 소유했다면 모를까 아주 미미하다. 이 또한 기쁜 일 아닌가? 생각을 바꾸면 세금 내는 것도 기쁜 일이요, 아파트를 소유하고 있는 것도 기쁜 일이다. 세금에 민감할 필요가 없다. 낼 건 내면 그만이다. 그리고 기뻐하면 된다.

내 자신에게 쪽팔리기 싫어서…

나는 옷을 잘 입는 사람이 아니다. 어찌나 옷을 못 입는지 나의 와이프인 김명란 이사에게 항상 혼난다. 김명란 이사가 챙겨주는 옷을 입어서 그나마 지금 이 정도가 되었다. 나는 남들이 내 외형을 어떻게 볼까 신경 쓰지 않는다. 멋을 추구하는 사람도 아니고, 자신감이 커서 남까지 신경 쓰고 살지 않기 때문이다.

그런데 이상하게도 내 자신이 볼 때 스스로 쪽팔리는 것을 참지 못한다. 이 어려운 시기에 이렇게 끝까지 사투를 벌이는 것은 내 자신 즉 박정수가 박정수를 바라볼 때 포기하는 모습이 쪽팔리기 때문이다. 얼마나 쪽팔리는 일인가. 산전수전 다 겪었다고 자부하는 내가 겨우 이 정도에 고개를 숙인다는 게.

어떻게 그 많은 대출 이자를 견디느냐고 더러 묻는 사람들이 있다. 맞다. 대출 이자가 한 달에 수천만 원이다. 그런데 그거 가지고 "힘들어서 못 내겠네, 견디기 힘드네"라고 말하는 자체가 얼마나 창피한가. 주변 사람들이나 독자들에게 부동산 투자로 모범을 보이겠다고 약속했는데 내 자신이 힘들다고 말한다면, 얼마나 쪽팔린 일인가?

예전 암 투병을 하면서 보험설계사 일을 할 때 고객을 만나러 가다가 선릉역에서 개거품을 물고 기절한 적이 있었다. 다른 사람의 부축으로 벤치에 누워 있다가 30분 정도 후에 눈을 떴다. 정말 쪽팔렸다. 다른 사람이 나의 그런 모습을 봐서 쪽팔린 게 아니라 내 자신이 겨우 그 정도로 기절했다는 게 도저히 용납되지 않았다. 휴지로 입 주변에 묻은 토사물을 닦고서 다시 고객을 만나러 갔다. 스스로 당당해야 한다고 생각했고 그 자리에서 아프다고 다시 집으로 또는 사무실로 간다는 것은 내 자신에게 용납이 안 되었다.

나는 나를 믿는 회원분들에게 최선을 다한다. 쪽팔리고 싶지 않아서 내가 한 약속은 모두 지키려고 노력한다. 회원분들에게 최선을 다하겠다고 이미 약속하지 않았는가. 그러면 지독히도 열심히 약속을 지켜야 한다.

술을 벌컥벌컥 마시는 이유도, 그것도 소리를 내서 아주 크게 벌컥벌컥 마시는 이유도 쪽팔리기 싫어서다. 불의를 보면 참지 않는 것도 내 자신이 쪽팔리지 않기 위해서다. 모든 것을 다 쏟아 부어서 최고가 되려는 것도, 나를 믿는 사람들, 내 주변 사람들에게 예의를 다하는 것도 쪽팔리지 않기 위함이다. 예의도 없는 사람이 무슨 성공을 논한단 말인가?

남들에게 쪽팔리는 것은 뭐든 용납이 된다. 하지만 내 자신에게 쪽팔리는 것은 내가 용서가 안 된다.

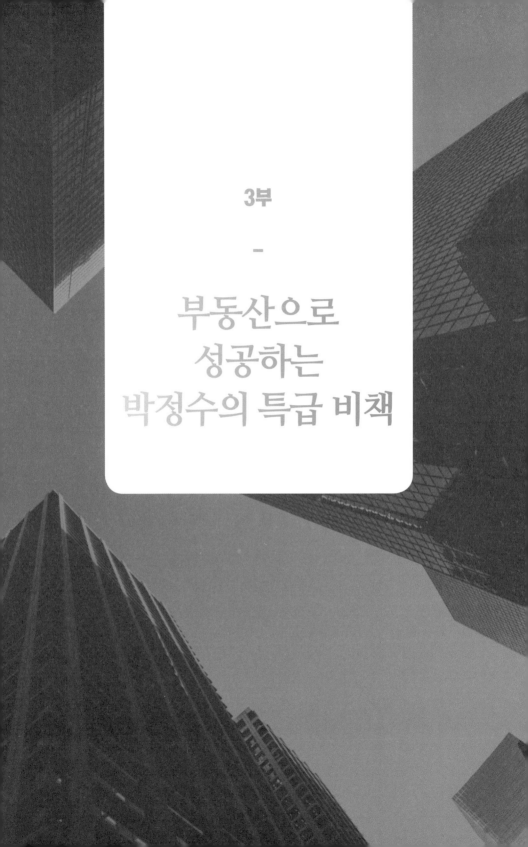

3부

-

부동산으로
성공하는
박정수의 특급 비책

45

신문과 방송의
부동산 관련 뉴스를 믿지 말자

나는 신문과 방송의 부동산 관련 뉴스를 거의 믿지 않는다. 불과 한두 달 전까지만 해도 서울 집값이 크게 내리고 있다고 뉴스에서 연일 보도되었다. 공급이 너무 많다고 했고, 규제가 심하다고 했고, 향후에 더욱 내릴 가능성이 크다고 했다.

서울에 공급이 많다고? 정말? 나는 작년 가을 세미나에서 서울의 아파트 공급은 절대적으로 부족하고 갈수록 서울에 아파트를 지을 땅이 태부족하기 때문에 공급부족 현상은 시간이 흐를수록 더욱 심해질 거라고 발표했다. 지금처럼 정부의 고강도 규제가 유지되면 몇 년 동안은 아파트 가격이 조정되는 기간이 있지만 이후 다시 서울 아파트 가격이 오를 것이라고도 세미나에서 말했다.

요즘 서울 아파트 가격이 크게 떨어진다고 모든 신문과 방송에서 난리가 아니다. 불과 몇 달 전만 해도 서울 아파트 가격이 너무 올라서 우리나라 경제에 큰 문제라고 했는데 말이다. 도대체 어느 장단에 춤을 추란 말인가.

며칠 전 조선일보에서는 서울의 공급량이 너무 많아서 아파트 가격이 급격하게 떨어지고 있다는 기사가 나왔다. 아니, 몇 달 전만 해도 서울의 아파트 공급이 너무 부족하다고 정부에게 대책을 내놓으라고 난리쳤던 게 조선일보인데 말이다. 정말 신기하지 않은가?

현재 부동산 시장에 고통을 주고 있는 동탄2기 신도시의 경우에도 불과 한 달 전 입주자들이 꽤 많이 들어와서 가격이 점점 오르고 있다는 신문 기사가 나왔다. 그런데 며칠 전 어떤 신문에서는 동탄2기 신도시가 입주자가 없어 텅 비어 있단다. 아이구! 정말 누구 말을 믿어야 한단 말인가? 현장에 가보지도 않고, 현장이 어떻게 돌아가는지도 모르고 글을 쓰니 이런 상반된 기사들이 충돌하는 것이다.

신문이나 방송은 언제 그랬냐는 듯 손바닥 뒤집듯 부동산 관련 기사를 이랬다저랬다 하면서 매일 말이 바뀐다. 그러니 절대로 신문과 방송의 뉴스는 믿지 말자. 부동산뿐만이 아니다. 정치나 경제나 모두 자기 입맛에 맞게 기사를 내보낸다. 그래서 사실에 기초한 객관적인 기사가 항상 목마르다.

대출은 절대 갚는 게 아니다

내가 강의 때마다 항상 강조하는 말이 있다.

"대출은 절대 갚는 게 아닙니다."

강조하고 강조하고 또 강조한다. 당신이 만약 대출을 받는다면 끝까지 즉 죽을 때까지 원금은 갚지 말고 이자만 내는 것이 좋다. 그래야 부자가 될 확률이 커진다.

옛날부터 부자들은 대출을 최대로 사용해 왔고, 죽을 때까지 이자만 낼 뿐 원금은 갚지 않았다. 무엇보다 돈의 생리를 잘 알기 때문이다. 어차피 내 손 안에 들어온 돈, 이자만 내면서 원금은 갚지 않고 대신 그 대출금액으로 계속 사업을 늘리거나 더 좋은 투자를 해온 것이다. 만약 원금을 일시에 갚아버리면 그 시대에 가질 수 있는 좋은 기회들을 모두 잃어버리게 된다.

그런데 일반 사람들은 대출이라 하면 하루라도 빨리 갚아야 할 대상으로 여긴다. 빚지고는 못 산다는 사람들이 너무 많아서 이자와 원금을 갚기 위해 마치 은행의 노예처럼 열심히 일하고 모은다. 언뜻 생각하면 대출만큼 불합리하고 억울한 일도 없다. 매월 이자가 나가야 하니 너무나 아깝다. 혹시 이자를 못 내면 검정양복을 입은 누군가가 매일 자기 집 앞에 와서 협박할 것 같아서 이자만큼은, 그리고 대출 원금만큼은 가장 먼저 청산해야 할 골칫덩어리다.

그런데 사실은 부자가 되려면 대출이라는 좋은 제도를 이용할 줄 알아야 한다. 부자들은 일반 사람들이 그렇게도 싫어하는 대출을 받아서 큰 부를 이룬다. 그들에게 대출은 필수불가결이다. 대출을 받아야만 의미 있는 큰 자금을 굴릴 수 있을 것이 아닌가.

부자들은 모이면 대출의 장점을 이야기하고, 얼마나 고마운 제도인지 모르겠다고 감사를 표시한다. 원금을 갚지 않고 어떻게 활용하는지 자식들에게까지 교육시킨다. 그것이 바로 돈의 본질을 가르치는 첩경이라고 믿기 때문이다.

그런데 일반 사람들은 어떤가? 자녀에게 대출을 가르친다고? 말도 안 된다. 대출 받을 생각은 꿈에도 하지 마라, 만약 빌린 돈이 있으면 무조건 빨리 갚으라며 강요하다시피 강조한다. 어떤 부모는 자식 앞에서 돈이야기는 절대 꺼내지도 않는다. 그러니 자녀들 마음속에 어떤 생각이 자리 잡겠는가. 돈이란 부정한 것, 남에게 빌려서는 안 되는 것, 입 밖에 꺼내면 속물근성이 드러나는 것 등이다.

이 자녀들 중 누가 더 큰 부자가 될까? 자본주의 사회에서 대출 혹은 돈에 대한 개념은 알고 있는 사람과 그렇지 못한 사람 사이에 점차 큰 격차가 발생한다. 처음에야 단위가 작으니 그 차이를 실감하지 못하겠지만, 시간이 지나면서 머리가 커지고 벌이가 달라지며 투자기술이 발전하면, 수천 배 수만 배의 차이로 벌어진다. 아무리 노력해도 결코 근처에도 따라가지 못하는 수준까지 멀어져 버린다.

부디 대출은 갚지 말자. 그리고 그 대출을 활용할 수 있는 방법을 연구하고 즉시 실행하자. 그리고 그 대출은 죽을 때나 갚자.

47

셀프보다 위임의 법칙을 활용하라

어느 부동산 책을 보니 셀프 인테리어를 하면 비용이 적게 나오므로 그렇게 해야 부자가 된다는 내용이 있었다. 어떤 책에는 셀프 등기를 해야 비용을 절약하니 그렇게 해야 부자가 된다고 한다. 또 어떤 책은 부동산 수수료를 아끼기 위해 피터팬 사이트 같은 곳에 매물을 올려서 거래를 하면 거래 비용을 줄일 수 있으니 그렇게 하면 부자가 된다고 한다.

하지만 이렇게 하면 부자가 될 수 없다. 단순히 돈을 조금 아낄 수 있을 뿐이다. 돈을 좀 아낀다고 부자가 될 수 없다는 사실은 당신도 잘 알지 않는가.

당신이 월급쟁이일지라도 돈에 있어서만큼은 월급쟁이 마인드에서 벗어나야 한다. 비용이 아까워서 내가 다 알아서 해야 한다고 생각하면 부자가 되기 어렵다. 생각이 그 안에 머물러 더 커지지 못하기 때문이다.

부동산 등기를 생각해 보자. 셀프 등기를 하면 법무사 비용 20~30만 원, 많게는 50여만 원을 아낄 수 있다. 그런데 거기에 들어가는 시간은 왜 계산하지 않는가? 부자들은 시간을 제일 중요하게 생각한다. 돈보다 시간이다. 그럴 시간에 더 창의적인 일을 하거나 좋은 아이디어를 생각해서 수입을 늘리는 게 부자의 모습이다.

셀프 인테리어? 얼마나 아끼겠다고 셀프 인테리어를 한단 말인가? 그렇게 해서 도대체 얼마나 부자가 될 수 있을까? 부자들은 셀프 인테리어를 하느라고 몸 버리고 시간 버리지 않는다. 몸이 피곤해서 다음 날 일이나 제대로 하겠는가? 몇 푼 아끼려고 그 많은 시간을 버린단 말인가? 그럴 바에야 차라리 그 시간에 협상력을 키울 수 있는 책을 읽어서 나중에 이루어지는 협상에서 한 번에 수백만 원에서 수천만 원을 벌 능력을 갖추는 게 더 낫지 않을까?

일부 집주인들은 셀프로만 인테리어를 하다 보니, 돈 아끼는 데에만 혈안이 되어 세입자가 살고 있는 아파트에 벽지도 싼 것, 바닥 장판도 싼 것, 전등도 싼 것으로만 도배를 한다. 셀프로만 하다 보니 단돈 몇 만 원마저도 아까워서 이러는 것이다. 사람의 그릇이 점점 작아지기만 한다. 그렇게 아끼려다가 결국 나중에 수천만 원을 잃는다. 세입자는 사람 아닌가? 세입자에게 양질의 서비스를 제공해야 세입자도 집을 아껴 쓰고 나중에 재계약을 할 때도 감사한 마음에 수천만 원의 전세금을 올려 받기가 쉽다.

부동산 계약을 할 때도 부동산중개소에 당당히 수수료를 제공해야 나중에 집에 문제가 생기거나 어려움이 있을 때 담당 부동산중개소에 쉽게 요청할 수 있다. 고작 수수료를 아끼기 위해 집주인과 세입자 둘이서 계약했다가 나중에 그 집에 무슨 문제가 생기면 어느 부동산중개사들이 적극적으로 도와주겠는가?

부자는 레버리지 법칙을 이용한다. 자기가 잘 하지 못하는 거, 시간을 빼앗길 거 같은 일들은 모두 남에게 위임하고 자기가 잘하는 일에만 집중한다. 또한 그 시간에 자기의 능력을 키운다. 그게 바로 부자 마인드와 월급쟁이 마인드의 차이다. 부자가 될 확률이 큰 사람은 위임의 법칙을 아주 잘 활용하는 사람이라는 사실을 잊지 말자.

48

갭투자자가 나쁜 놈인가?
갭투자자를 욕하는 놈이 나쁜 놈인가?

스마트폰으로 매일 부동산 뉴스를 본다. 부동산 기사 중에 갭투자에 대한 이야기가 나오면 댓글이 비난으로 뒤덮인다. 그중에는 갭투자자를 나라를 망치는 매국노로 평가하는 사람들도 많다. 한숨이 나오지만 한심하다는 생각도 지울 수 없다.

그들에게 묻고 싶다. 왜 그동안 갭투자를 하지 않았는가? 대한민국의 미래를 위해서? 이 나라의 경제나 부동산 시장 안정을 위해서?

절대 아닐 것이다. 갭투자를 하지 않은 이유는 아파트 매매가 또는 전세가가 떨어지는 것이 두려워서다. 혹은 시간이 갈수록 돈의 가치는 계속 떨어진다는 개념이 없어서 계속 전세로 거주하면서 갭투자로 집주인이 되는 사람을 시기하고, 아파트를 전세 끼고 구입해서 투자하는 사람이 나쁜 놈이라고 이미 생각이 박힌 것이다. 자본주의 사회에서 어떻게 해야 부를 이룰 수 있는지 아예 모르는 것이고, 남들은 재테크 책을 열심히 읽으면서 투자하려고 노력하는데, 끼리끼리 모여 술이나 마시면서 신세 한탄이나 하는 사람들이다. 누구는 죽도록 일해서 열심히 돈을 모아 재테크 수단으로 아파트를 한 채 한 채 모을 때, 자기 일에 최선을 다하지도 않으면서 잘 안 되는 것은 회사, 환경, 갭투자자들, 정부 탓이라고 말하는 사람들이고, 내가 하는 주식투자나 비트코인 투자는 아름답고 위대한 것이고, 남들이 하는 갭투자는 아주 나쁜 것이라고 생각하는 사람들이고, 돈의 가치가 떨어져서 아파트 가격이 오르는데도 그게 갭투자자들 때문이라고 생각하는 사람들이고, 갭투자를 한 사람들이 돈을 벌면 나쁜 놈이라고 비난이나 하는 못난 사람들이고, 갭투자 때문에 전세가 위험하다고 비난하면서 그 몇 십만 원이 아까워서 자기 전세에 대한 전세보증보험도 안 드는 사람들이고, 3~4년 전 전세대란 때문에 전세입자들이 힘들어할 때 갭투자자를 욕했고, 지금처럼 역전세난 때문에 집주인이 힘들 때에도 갭투자자를 욕하는 사람들이 바로 그런 사람들이다.

솔직히 하나 더 말해보자.

그렇게도 갭투자를 비난해대는 사람들이 자기들도 열심히 공부한 결과 돈을 버는 방법 중에 갭투자가 최고라는 생각이 들었다면 정말 갭투자를 하지 않았을까?

나는 갭투자를 비난하는 사람들이 위선자라고 본다. 그 사람들도 현재 어딘가에 수익이 생기는 투자를 하고 있지 않겠는가? 그 사람들이 하는 투자는 로맨스고 갭투자는 불륜인가? 만약 투자에 관심도 없고 하지도 않고 있다면 그런 사람은 자본주의 사회에서 바보나 다름없다. 어떻게 자본주의 사회에 살면서 투자를 안 하고 산단 말인가? 그런 사람은 언제나 여기서 당하고 저기서 치이게 된다.

갭투자를 해서 세입자를 등쳐먹기를 하나, 아니면 세입자에게 사기를 치나? 세입자에게 좋은 조건으로 아파트에 살게 해주고, 수리할 게 생기면 다 고쳐주고 혹시나 전세 만기가 되어 역전세 현상이 생기면 대출을 받아서라도 그 금액 다 보전해 주려 하는데 왜 이런 분들이 욕을 먹어야 하나?

그 사람들의 돈에 대한 무지함, 자본주의에 대한 무지함을 탓해야 한다. 자본주의의 생리를 등지고 돈을 불리지는 못하고 모으기만 하는 자신을 반성해야 한다. 솔직히 마음 속 깊은 곳에는 부자로 살고 싶은 욕망이 꿈틀대고 있지 않은가? 결국 마음은 간절하되 투자에 대한 확신이 없었고, 행동하지 않았던 것이다. 문제는 그것이다. 누구를 탓할 일이 아니라는 것이다.

갭투자자들 때문에 아파트를 사지 못한다는 말도 거짓말이다. 예나 지금이나 매매나 전세로 나와 있는 물량은 넘친다. 아파트 가격이 떨어질 거라고 생각하는 사람, 아파트 전세가가 떨어질 거라고 생각하는 사람은 죽을 때까지 아파트를 구입하지 않고 전세나 월세로 거주하게 되어 있다. 이러나저러나 본인의 선택이니 앞으로는 갭투자자에 대한 욕을 멈추자. 그리고 자신이 갭투자자가 될 길은 없는지 알아보자.

"그거 없어지는 거 아니잖아!"

　며칠 전 멀리서 나를 보러 온 친구와 대화를 나누다가 이런 질문을 받았다. "요즘 부동산 시장이 그렇게도 힘들다던데 정수 너는 어떠냐?" 몇 채를 가진 자기도 이렇게 힘든데 나는 오죽할까 걱정이 되어 묻기도 조심스러웠다고 했다.

　그래서 나는 자세히는 말하지 않고 전세가 하락 때문에 수십 억 손해를 봤다고 말했다. 그런데 이 친구가 곰곰이 뭔가를 생각하더니만 이렇게 말했다.

　"정수야! 지금 내가 하는 측량사업은 거의 망했거든. 요즘 건설경기가 힘드니 측량사업 물량도 거의 없어서 도저히 버틸 수가 없더라. 아무리 내가 죽자 살자 애를 써도 소용없더라고. 그런데 이놈의 사업이 무서운 게 말이야, 한 번 망하면 아예 회복이 안 돼! 그냥 망하는 거야. 잃어버린 돈을 다시 구제받을 수 있는 방법이 없어. 그냥 다 잃는 거야. 그래서 얼마나 원통한지 몰라. 내가 측량사업을 하면서 들인 돈이 수억 원이 넘거든. 그거 그냥 다 날린 거야. 그런데 정수야! 네가 지금 하고 있는 임대사업은 내가 했던 측량사업처럼 그런 건 아니잖아. 지금은 전세가가 워낙 많이 떨어져서 힘들다지만 시간이 지나 전세가 살아나면 다시 회복되는 거잖아. 정부가 지금 하고 있는 부동산 규제를 풀면 다시 전세가는 회복되는 거잖아! 그럼 된 거 아냐? 그러면 조금만 참고 견디면 되는 거잖아! 내가 살아보니 인생은 다 흐름이 있는 거 같아. 좋을 때가 있으면 당연히 어려울 때가 있고 어려울 때가 있으면 다시 회복되는 게 당연한 거고. 그럼 넌 지금 이 시기만 견디면 다시 막대한 소득을 만들 수 있는 거잖아. 그러니 정수 넌 좋겠다야!"

듣고 보니 이 친구의 말이 하나도 틀리지 않다. 이 책을 읽는 당신도 지금 많이 힘들 수 있다. 이 책을 보는 당신은 집을 한 채 이상 가지고 있을 확률이 높고, 주택임대사업에 관심이 많거나 지금 임대사업을 하고 있는 사람일 것이고, 요즘처럼 부동산 최악의 시기, 역전세가 넘치는 시기에 어려운 나날을 보내고 있을 것이다.

하지만 부동산은 곧 회복된다. 부동산이 회복되지 않으면 우리나라 경제도 낭떠러지로 떨어지고 만다. 그러니 정부도 절대 가만히 있지 못한다. 그때를 위해 한번 힘차게 견뎌보자. 수많은 투자자들이 부동산 투자를 포기하고 있고, 엄청난 손해를 보고 있어서 이후에는 절대 부동산 투자를 하지 않겠다고들 한다. 그러나 당신은 그러지 말자. 참고 견뎌야 한다. 그러면 곧 누구도 생각하지 못한 큰 희망이 온다.

법부터 들이대지 말고 협상력을 키워라

요즘 주택임대사업과 관련된 책들이 참 많은데, 그 내용은 대부분 임대사업 법이나 세금에 대한 이야기다. 그런데 한 가지 묻고 싶다. 임대사업을 하면서 정말 관련법이나 세금이 중요할까?

나는 그동안 수천 명의 세입자를 거쳤지만 법으로 해결한 적은 없었다. 사실 딱 한 번 있었는데, 세입자가 끝까지 싸워보자고 고집을 피우는 바람에 법원까지 가서 해결한 적이 있다. 하지만 그런 경우는 정말 예외이며 법이 피부에 와 닿을 때는 거의 없다고 보면 된다. 세금도 마찬가지다. 몇 가지 중요한 핵심만 알아놓으면 그것으로 끝이다.

내 말의 요지는 임대사업을 하면서 세금이나 법보다 중요한 요소는 집주인으로서 세입자와 협상할 수 있는 능력이라는 점이다. 사람을 다룰 줄 아는 능력이 중요하고, 상대방을 내 편으로 만드는 능력, 세입자를 배려하는 자세, 세입자를 가족처럼 위하는 모습, 이런 것이 가장 중요하다.

몇 달 전 중고 빈티지 스피커를 사러 서울 봉천동에 갔다. 판매자는 그 스피커를 80만 원에 샀다며, 나더러 60만 원을 달라고 했다. 한 치도 양보하지 않을 태세였다.

나는 시간을 들여 그와 대화하면서 그의 말을 진심으로 공감하며 들어줬다. 호응도 하고 박수까지 치면서. 그리고 1300원짜리 비싼(?) 주스도 사드렸다. 30분 동안 대화를 나눈 끝에 스피커 가격을 10만 원 깎았다. 그도 나와 대화를 나누니 기분이 좋아졌단다. 절대 물러설 생각이 없었는데, 깎아주고도 오히려 기분이 좋다고 했다.

오디오를 좋아하는 사람들은 알겠지만 유명 중고 빈티지 스피커를 깎기란 쉽지 않다. 그런데 나는 적극적인 호응과 1300원짜리 주스 한 잔으로 10만 원의 이익을 봤다. 나만의 이익이 아니라 상대방도 기분 좋게 하는 윈윈 협상이었다고 생각한다.

이런 협상의 기술은 주택임대사업을 하는 사람에게 꼭 필요한 덕목이다. 하긴 협상이 임대사업에만 필요하겠는가? 사람 사는 모든 일이 다 협상과 관련된 거 아니겠는가.

만약 불만이 많은 세입자를 만났다 치자. 세입자를 만나 그의 말에 잘 호응하면서 그리고 주스라도 꼭 사가서 그의 어려운 입장을 충분히 들어드려야 한다. 진심으로 그리고 적극적으로 호응하면서 말이다. 그런 다음 당신의 입장을 좀 이해하고 도와달라고 하면 수천만 원의 이익을 볼 수 있다.

정말이다. 불과 몇 십 분의 노력과 1만 원 정도의 주스 선물세트로 수천만 원의 이익을 볼 수 있다면 협상이라는 것을 열심히 공부할 필요가 있지 않을까?

요즘처럼 역전세가 심각한 상황에서도 프로들은 직접 세입자를 만나 협상을 진행한다. 세입자의 상황과 자기의 상황을 잘 조합시켜서 세입자도 기분 좋게 하고 자기도 이익을 보는 프로들이 존재한다. 바로 협상을 통해서 말이다.

내가 협상을 좋아하는 이유가 바로 이것이다. 나의 이익을 추구하되, 상대방도 기분 좋아지게 하고 싶기 때문이다. 또한 협상은 임대사업에 있어 중요한 경쟁력이므로 실전경험을 통해 나의 협상력도 발전시킬 수 있다.

소통할 줄 모르면 임대사업에서 수천만 원 손해는 금방이다. 회원분 중 카이스트를 졸업하고 대기업 연구원으로 근무하는 분이 계신다. 이분이야말로 공부만 잘했지, 다른 것들은 숙맥으로만 생각했다. 요즘처럼 어려운 시기에 세입자에게 어떻게 말하면 좋겠는지 묻기에 몇 가지를 조언해드렸다.

솔직히 크게 기대하지는 않았다. 공부만 하던 분이 세입자와 협상을 하면 얼마나 잘하겠나 싶었다. 분명 다시 문의하러 오려니 했는데 웬걸, 세입자와 직접 만나 내 조언대로 잘 따랐고 결국 자기가 원하는 바를 이루었다. 그러면서 느꼈다. 공부만 하던 분도 이렇게 잘하는데, 사회경험 좀 해본 사람이라면 다 잘해내겠구나. 단, 위에서 말한 자세로 임한다면 말이다.

세입자에게 법부터 들이대 보라. 서로 싸우기 딱 좋다. 주택임대사업을 말하면서 법을 꺼내는 사람은 스스로 경험이 미천하다는 사실을 고백하는 것밖에 되지 않는다. 솔직히 나는 법 같은 거 잘 모른다. 임대사업을 10년 이상 해왔지만 법을 몰라도 걱정이 없고 불편함도 없다.

모든 게 다 사람 관계에서 비롯된다. 소통을 잘하는 사람이 더 크게 발전하고, 부자도 된다. 법으로 해결하는 사람 치고 부자 된 경우도 많지 않다. 작은 것에 얽매여서는 더 크게 뻗어나갈 수 없다는 사실을 잊지 말았으면 한다.

부디 협상력을 키우길 바라며, 협상을 통해 기적을 만들어 보라. 얼마나 재미있는 일인지 깨닫게 될 것이다.

투자란 봄여름가을겨울의 반복이다

투자! 그래, 투자! 나와 당신이 자본주의 사회를 살아가려면 투자는 필수다. 대부분의 사람들은 투자라는 과정을 거치지 않고서는 부를 이룰 수 없다. 열심히 살아가면서 저축만이 살길이라며 아무리 외쳐봐야 그래서는 부자가 될 수 없다. 자본주의와는 맞지 않는다.

보험설계사로 일했던 시절 지점 1등을 하면서 내가 재테크 천재인 줄로만 알았다. 자만심에 들떠 펀드에 2억 이상을 가입했던 때가 있었다. 안전을 위해 분산투자를 한답시고 국내, 해외를 골고루 나눠서 10여 개 이상의 펀드에 가입했고 결국 쫄딱 망했다. 남은 돈은 겨우 7천만 원. 펀드 회사가 아니라 내 자신에게 화가 치밀어 올랐다. 너무 거만했던 내 모습에 실망했고, 보호 장치 하나 없이 그렇게 큰돈을 묻은 것을 자책했다.

최근 부동산은 몇 십 년에 한 번 올까 말까 하는 불황이다. 어느 한 지역이 아니라 전국이 살얼음판이다. 가격이 떨어져 투자자들이 울상이지만, 부동산이라는 게 계속 살얼음판만 걷지는 않는다. 우선 정부가 가만있지 않는다. 가격이 떨어져 부동산 거래가 거의 이루어지지 않으면 정부는 세수 부족에 시달릴 수밖에 없고, 부동산이 경제에 미치는 파급력이 큰 만큼 급격한 경기하락 문제에 봉착할 수밖에 없다. 민심의 이반을 막기 위해서라도, 그리고 다음 선거에 대비하기 위해서라도 정부가 앞장서서 문제해결에 나설 수밖에 없다.

신이 아닌 이상 지금 같은 상황은 꿈에도 생각하지 못했다. 나만 그랬겠는가? 부동산에 종사하는 대부분의 사람들이 예상 밖의 흐름에 망연자실한 상태다.

하지만 내가 자신할 수 있는 것은 지금처럼 어두운 시기는 결코 오래가지 않는다는 사실이다. 지금은 고통과 아픔이 따를 수 있다. 하지만 시간이 좀 지나면 다시 호황기, 매매와 전세가의 상승기가 도래할 것이다. 그때까지 버티면 된다. 버티면 분명히 이긴다.

투자하다 보면 좋을 때와 나쁠 때가 꼬리에 꼬리를 물고 이어진다. 상승기가 있으면 하락기가 있고, 하락기가 있으면 상승기가 있다. 봄여름가을겨울처럼 순환되고 반복된다. 이 흐름을 이해하지 못하면, 좋을 때는 언제까지나 좋을 것만 같고, 나쁠 때는 영원히 나쁠 것만 같다.

지금은 한겨울이다. 하지만 때가 되면 봄이 온다. 조금만 참고 견디자. 그러면 이긴다. 조금만 참고 견디면 당신에게 큰 웃음이 절로 나올 봄이 곧 올 것이다.

52

앞으로는 세입자와 싸울 일이 사라진다

　사람의 성격이란 지구상에 살아가는 사람의 수만큼 다양하기 때문에, 주택임대사업을 하다 보면 각양각색의 사람들을 만난다. 부동산 침체기에는 세입자가 왕이다. 욕이 절로 나올 만큼 더럽고 치사하고 치졸한 사람을 만나 온갖 참기 어려운 말도 들을 수 있다.

　독자들 중에도 현재 갈등 상황에 처한 사람이 있을 수 있다. 내용증명을 받아 놓고 이를 어떻게 처리해야 하나 난감할 수도 있다. 당신이 어떤 상황이든 이런 싸움도 이번이 마지막이다. 우리나라의 전세시장 문화가 많이 바뀌어서 새로 입주하는 세입자들은 대부분 보증보험에 가입한다. 보증보험에 가입하는 순간 집주인이 세입자와 싸울 일도 사라진다. 전세만기가 되어 전세금을 못 받으면 보증보험회사에 신청해서 보증금을 받아 가면 되니 말이다.

당신이 집주인이라면 이후에 보증보험회사에 매달 이자를 내다가 새로 전세가 들어오면 전세금을 받아 갚으면 된다. 지금까지는 보증보험에 가입하지 않은 세입자들이 많았기 때문에 보증금 문제로 갈등이 많았다. 하지만 이번이 마지막이다. 그러니 이번만 참으면 된다.

53

그 엄청난 대출과 이자가
두렵지 않은 이유

대출 또 대출. 나는 어떻게 이렇게나 대출을 많이 받는 사람이 되었을까? 현재 나의 대출금액 총액은 엄청난 수준이다. 아내의 대출까지 합하면 그 금액을 듣고 기절할 사람도 있을 것이다.

그런데 정작 나 자신은 그 많은 대출을 받아놓고도 두렵지 않다. 심지어 그중에는 연이율이 15~18%나 하는 대부업체 대출도 상당히 많은데 말이다. 솔직히 말해 다주택자나 임대사업자에 대한 대출 규제가 없었다면 이렇게까지 살인적인 이율을 가진 대부업체의 대출을 받지는 않았을 것이다. 하지만 어쩌랴? 내가 정부를 이길 수는 없으니 말이다.

나는 이렇게 막대한 대출을 받아서라도 역전세를 해결해 가고 있다. 대출로 재산을 늘리는 게 아니라 세입자들에게 피해가 가지 않게 하려는 목적이다. 나로서는 부단히 노력하고 있다. 세입자에게 나 몰라라 한다던가, 경매로 돌려버리는 짓은 해서는 안 된다고 생각한다.

우선 대출을 받을 수 있다는 사실이 무척 고맙고, 매월 이자만 수천만 원 이상 나가지만 두려움은 없다. 정말 두렵지 않느냐고 반문할 수 있겠다. 그에 대한 대답은 "시간이 지나면 모두 다 해결될 일이기 때문에 그때까지 잘 버티면 되는 것"이다. 그 많은 이자를 평생 내는 것도 아니고 1년 내지 2년이면 끝나는데, 못 버틸 이유가 있겠는가.

보통의 사람들은 이자가 어깨를 짓누르면 밤잠을 설친다. 평생 지속되기라도 하는 것처럼 한숨에 하소연이다. 어려움 앞에 의연하기보다는 좌절하고 포기한다. 그게 바로 사업가와 일반인의 차이이기도 하다.

성공한 사업가 대부분은 대출을 항상 머리에 이고 살아간다. 당장은 막대한 이자를 부담하면서도 곧이어 잘될 날을 기다리고 준비하면서 버티는 것이다. 나 또한 그렇다. 불과 1~2년만 버티면 이 어려운 게임은 끝이 난다.

대출이 정말 무서운 건가? 나도 처음에는 정말 무서웠다. 하지만 지금은 대출을 받을 수 있다는 사실 자체가 감사할 따름이다. 막대한 이자 때문에 고통스럽지 않느냐고? 그런 질문은 하지 마시라. 나도 사람인데 매월 수천만 원 이자 내기가 왜 고통스럽지 않겠는가. 그리고 왜 아깝지 않겠는가.

하지만 그 대출이 있기에 지금의 역전세를 해결할 수 있고, 세입자분들에게도 피해를 최소화 할 수 있다. 어차피 그 이자라는 것도 시간이 지나 전세를 맞추고 역전세를 해결하고 전세가가 오르면 모두 다 없어질 것들이다. 그러니 그때까지만 이겨내면 되는 것이 아니겠는가.

하지만 안타깝게도 대부분의 투자자들은 나처럼 생각하지 않는다. 어려운 시기가 닥치면 쉽게 포기해 버린다. 결국 나와 진정한 투자자들 즉 포기하지 않는 사람만이 성공의 문으로 들어가는 것이다.

세상은 참 공평하다. 고통을 이겨내는 사람들, 고통을 즐기는 사람들에게만 성공의 자격이 주어진다. 누구나 다 성공한다면 그게 더 불공평한 일이다.

54

부자 되는 비결은
진심으로 돈보다 사람이다

우리 회사 전속 부동산중개사님이 며칠 전 내게 하셨던 말씀이다.

"대표님, 제가 부동산중개사 경력만 20년 이상이거든요. 그런데 지금처럼 부동산이 힘든 건 처음이에요. 정말 힘들어도 이렇게 힘들 수 있을까 싶어요. 대표님, 지금 제가 일하고 있는 지역의 부동산중개사무소 중에 폐업하는 곳도 많아요. 최고로 힘든 시기인 게 확실합니다."

맞다. 만만치 않은 상황이다. 부동산에 관계된 대부분의 사람들이 다들 너무 힘들어서 죽고 싶다고들 한다. 그런데도 나는 활로를 찾는다. 가만히 앉아서 "나 힘들어요!"라고 외치는 사람이 아니다. 어떻게 해서든 그것을 이겨낼 방법을 찾고야 만다.

말로는 자신이 전문가라는 사람들이 많다. 그런데 그 사람들이 정말 전문가일까, 아니면 전문가로서의 자격이 있는가? 그들 중에 위기와 고비를 잘 헤쳐나간 경험이 있는 사람들이 얼마나 되나? 부동산 시장이 좋을 때 아파트 몇 채 샀다고 모두 전문가는 아니다.

방송에 나와서 강의를 했던 전문가, 책을 여러 권 썼던 전문가라는 사람들도 지금 거의 다 부동산을 정리하고 있다. 고비를 넘길 자신이 없기 때문에 하루라도 빨리 처분하려고 혈안이 되어 있다. 자칭 전문가라는 어떤 사람은 '자신은 이미 다 정리했다'며 공개까지 한다.

진정한 전문가란 위기 상황에서 빛을 발한다. 위기에 잘 대처해야만 스스로 떳떳할 수 있다. 그런데 일부 전문가들은 시장이 급속도로 나빠지면서 거의 파산 지경에 이르렀다. 위기 대처 경험이 없기 때문이다.

내가 지금 하고 있는 이 주택임대사업과 PJS라는 컨설팅 사업을 그대로 따라했던 다른 유명한 부동산 카페들도 완전히 망했다고 한다. 이런 어려운 상황을 극복했던 경험도 없고, 위기가 오자 서로 간에 불신이 커져 자멸해 버렸다.

나는 아무리 어려운 상황에서도 절대로 무릎을 꿇거나 포기하지 않고 무조건 이겨내려 온갖 노력을 다한다. 나를 믿는 회원분들을 위해서도 그렇고, 내 자신이 부끄러워서도 가만히 있지를 못한다. 암도 이겨낸 내가 이 정도에 무릎을 꿇겠는가.

나의 인생은 시련과 도전의 연속이었다. 하루도 편히 지나간 날이 없다. 언제나 신은 나에게 시련을 주셔서 나를 더욱 크게 성장시키려 하신 것 같다. 그래서 나는 신의 요구대로 쉽게 포기하지 않고, 극복의 날들을 만들어 왔다.

지금의 나 박정수를 쉽게 흉내 낼 수는 있다. 또한 박정수가 하고 있는 사업도 따라할 수 있다. 하지만 나의 본성과 본질을 누가 흉내 낼 수 있겠는가?

깊은 곳에 감춰진 본성은 어려울 때 나온다. 시장이 좋을 때는 누구나 좋은 사람이고, 대부분 상승의 기쁨을 맛본다. 하지만 어려울 때는 아무리 색칠을 해도 본성을 감출 수 없다. 그래서 사람을 제대로 평가하려면 어려운 상황에서 그가 어떻게 행동하는지 유심히 관찰하면 된다. 비단 부동산에 국한된 일만은 아닐 것이다.

부동산 시장이 이렇게 어려운 건 처음인가? 나도 온갖 고통을 겪었지만 요즘처럼 극도로 힘든 건 사실 처음이다. 하지만 그렇더라도 또 도전하고 또 연구하고 또 도전하고 또 연구한다.

지금까지 본 손해를 따진다면 내 앞에서 명함을 내밀 사람이 거의 없을 줄로 안다. 2017년과 2018년 거의 백 억에 가까운 수십 억의 손해를 그냥 눈 뜬 채로 보았다. 뭘 어떻게 해볼 겨를도 없었다. 하지만 손해를 아무리 많이 보았다 하더라도 절대로 소중한 사람을 잃어서는 안 된다고 생각한다. 그게 내 신조이다.

혹시 소중한 사람을 잃더라도 절대 돈은 손해 볼 수 없다고 생각한다면, 그 생각을 당장 멈추기 바란다. 특히 요즘처럼 힘든 상황에서는 사람보다 돈을 택하는 사람들이 많아지는데, 절대 그래서는 안 된다. 사람이야말로 보물이며, 결국 사람만 남는다. 특히 소중하고 중요한 사람일수록 끝까지 지켜야 한다.

귀에 딱지가 앉도록 들어봤을 것이다. "부자는 자기 혼자 힘으로 되지 않는다." 맞는 말이다. 그러니 실천해야 한다. 주변의 도움 없이는 그 무엇도 될 수 없다. 돈을 좇느라 사람을 버리면 결국에는 돈도 사람도 다 잃고 만다. 하지만 사람을 지키면 결국에는 돈도 사람도 모두 내 곁에 머물게 된다. 돈 하나만 좇는 사람에게는 진심으로 돕는 사람이 남아나지 않고, 그를 이용하려는 사람들만 바글바글 몰려든다. 결국에는 돈도 사람도 다 잃을 수밖에 없다.

부디 돈은 잃더라도 소중한 사람은 잃지 말자. 이 말의 무게감을 깨닫는다면 당신도 부자 되는 비결을 설파하는 진짜 부자가 될 수 있다.

55

팔지 않고 기다리는 것이 특급 노하우

부자들은 매일 자료를 분석하고, 향후 유망지역을 발굴하고, 유망 아파트를 찾아 나서느라 동분서주할까? 부자들은 그런 일을 하는 사람들이 아니다.

어떤 책에서 읽은 내용이다. 예전에 어떤 사람이 돈이 생길 때마다 전국에 있는 조그만 땅을 사놓았다고 한다. 자투리땅을 아주 싼 가격에. 그렇게 아무 생각 없이 수십 년간 땅을 모았는데 수십 년이 지난 후 그 사람이 소유한 그 땅 주변으로 도로가 생기고, 펜션이 생기고 하면서 그 땅을 팔라는 사람들이 속속 나타나고 그 땅을 팔면서 큰 부자가 되었다는 이야기였다.

그가 땅을 열심히 분석하고 매일 유망지역을 찾아다녔다는 말은 어디에도 없었다. 그냥 사놓고 기다렸을 뿐이다.

그가 사놓은 땅 중에는 아직도 빛을 못 보고 죽어 있는 땅도 있을 것이다. 내가 여기서 하고 싶은 말은, 부자들의 투자비결이란 대단한 비법이 있는 것이 아니라, 한번 투자를 했으면 결과가 나올 때까지 오랜 시간 기다린다는 점이다. 그러다 보면 큰 폭발이 있기도 하고, 예상치 못한 호재가 나타나기도 한다.

부자들을 다룬 책들을 읽으면서 나도 그 점에 가장 크게 동감한다. 부자가 되려면 부자처럼 행동해야 한다. 갈림길이 나왔을 때 자기 생각대로 가면 안 된다. 부자들이 지나간 자리를 따라가야 나도 그들처럼 될 수 있지 않겠는가.

내가 아파트를 팔지 않는 이유도 여기에 있다. 나의 스승님도 예전에 이런 말을 하셨다. 아파트를 사면 절대로 쉽게 팔지 말고 계속 가지고 있으라고 말이다. 그러면 그 아파트가 갑자기 폭발할 때가 있으며, 매매가는 시간이 지나면서 조금씩 오르는 게 아니라 어느 순간 갑자기 한 번에 폭발하는 것이라고, 그래서 계속 가지고 있어야 한다고.

10여 년 전 광주광역시에서 아파트를 산 적이 있다. 매수가는 6천만 원, 전세 5천으로 실투자금은 1천만 원이었다. 구입한 이후 10여 동안 광주 부동산 시장이 불안했던 적이 몇 번 있었다. 그 과정에서 아파트를 팔아버린 투자자들이 많았다. 불안해서 팔고, 조금 떨어지니까 팔고,

당시 나에게 아파트를 팔라고 연락했던 부동산중개사무소도 많았다. 그 아파트의 지금 시세는 1억3천만 원 정도다. 하지만 나는 스승님의 말씀을 따라 견디면서 팔지 않았다.

6천만 원에 매수한 아파트가 1억3천까지 올랐으니 7천만 원 정도 올랐고, 매매가로만 따지면 두 배 이상이다. 하지만 내가 실제로 투자한 금액은 1천만 원이었으니, 투자한 금액으로 보면 7배가 오른 셈이다. 10년 만에 7배를 남길 만한 투자가 다른 곳에도 많을까? 물론 있겠지만 많지는 않다. 기다림과 인내의 열매인 것이다.

또한 내가 수도권의 한 아파트를 샀을 때 주변 부동산중개소에서는 얼마나 더 오르겠느냐고 반문했다. 수년 동안 오르는 속도가 워낙 더뎌서 도저히 오를 수 없는 아파트라고 단정 지었다. 하지만 나는 교통도 좋고, 주변에 학교도 있고 게다가 지금까지 계속 오르지 않았다면 곧 오를 수 있는 확률이 크겠다 싶어서 그 아파트를 구입했다. 이후 3년까지는 잘 오르지 않더니 4년째에 3억 초반 하던 매매가가 4억을 넘었다. 불과 1년 사이에 말이다.

이것이 부자들의 투자법이다. 좋은 지역의 아파트를 사놓고 시간을 두고 기다리는 것! 그게 바로 부자들의 특급 노하우이다.

반면 대부분의 사람들은 부자들의 방법이 아닌 보통 사람들의 투자법을 따라간다. 잘 오르지 않으면 팔아버리고, 좀 어렵다 생각되면 또 팔아버리고, 오랫동안 가지고 가겠다는 생각조차 하지 않는다.

부자들은 특별한 노하우가 있고, 엄청난 정보를 가지고 있을 것이라고 생각하기 쉽지만, 이는 잘못된 생각이다. 그저 인내의 시간을 갖는 것이고 시간과 함께 기다리는 것이다. 잘 기다리는 것, 누가 뭐라고 해도 끝까지 기다리는 것이 부자가 되는 노하우다.

특별한 방법이 있다며 대중을 모아 강의를 하는 사람들은 내 시각에서는 절대 부자가 아니다. 그들은 강의로 돈을 버는 사람들이다. 부자가 되는 방법은 진심을 담은 책, 진실한 스승을 만나야 손에 넣을 수 있다. 나 역시 책과 스승님을 통해 인내를 배웠고, 그 방법을 따라서 오늘에 이를 수 있었다.

다시 한 번 강조한다. 부자가 되는 특급 노하우는 열매가 맺을 때까지 기다리는 것이다.

56

인터넷에서 나 박정수를 욕하기 전에

인터넷 부동산 카페나 블로그에서 나 박정수를 비난하는 글들이 참으로 많다는 사실은 나도 잘 안다. 나 때문에 우리나라 아파트 가격이 크게 올랐다는 글부터 나 같은 사람은 매장되어야 한다는 글까지 아주 각양각색이다.

그래, 그렇다 치자. 그런데 묻고 싶은 게 있다. 내가 왜 그들에게 나쁜 놈인가? 불법을 저질렀나? 아니다. 나는 불법을 저지른 적이 없다. 부동산 시장에 나와 있는 아파트를 정당한 방법으로, 세금 낼 거 다 내면서 구입해 왔다. 세입자에게 피해를 준 적도 없다. 세입자가 집을 수리해 달라고 하면 대부분의 집주인들은 세입자에게 고치라고 억지를 부리지만 나는 세입자의 요구보다 더 잘 고쳐드리고 수리해 드린다. 나도 예전에 세입자로 살던 경험이 있어서 그 고통을 잘 알기 때문이다.

나는 세입자에게 전세금을 시장 가격 이상으로 과도하게 올린 적도 없다. 시장에서 매겨진 전세가격보다 항상 낮게 설정해서 재계약을 하거나 새로운 세입자를 기존 시세보다 낮은 가격으로 들였다. 말이 쉽지 집주인으로서 매우 힘든 일이다. 하지만 나는 그렇게 해왔다.

보통의 사람들이 밤에 잠을 잘 때, 저녁에 술을 마시며 즐길 때, 나는 그 시간에 죽자 사자 코란도를 타고 지방에 내려가서 아파트를 알아봤다. 그들이 밥을 먹을 때 김밥 하나 사들고 부동산을 보러 밤중에도 먼 지방까지 돌아다녔다. 사람들이 편히 쉬고 있을 때 나는 아파트를 한 채라도 더 사고 싶어서 새벽까지 보험설계사 일을 하면서 1등을 했다. 암투병을 하면서 부동산 임대사업을 하고 싶어 죽도록 일했다. 그렇게도 경제적으로 어려울 때도 너무나 부자가 되고 싶어 전국 각지의 부자들을 만나러 돌아다녔고, 전문가라는 사람들을 만나러 돌아다녔고, 수 천만 원의 수업료를 지불하면서까지 부자가 되기 위해 최고의 노력을 다했다. 이게 나쁜 짓인가?

대한민국 정부가 해야 하는 주택공급의 의무에 나 박정수가 대한민국을 사랑하는 마음에서, 그 사업에 일조하고 싶어 장기임대사업을 하고 있고, 적어도 10년 이상 그 아파트를 보유하여야만 하는 의무를 가짐으로써 부동산 투기는 아예 생각도 하지 않고 있는데 그게 그들에게는 나쁜 짓인가?

투기를 해본 적도 없고, 나 같은 흙수저도 미친 듯이 목숨 걸고 노력하면 성공할 수 있다는 증거를 보여드리고 싶었다. 그게 나쁜 짓인가?

어떤 사람들은 내 상담료, 수업료가 너무 비싸다고 욕한다. 내 상담료가 비싼 이유는 내가 아무나 만나고 싶지 않아서이고, 자신의 삶을 완전히 바꾸고야 말겠다는 의지로 충만한 사람만이 나를 만났을 때 최고의 효과를 내기 때문이다. 내 상담료, 수업료가 비싸면 나를 안 만나면 그만이지 나를 비난할 일은 아니다. 내 수업료가 그 사람들에게 피해를 준 적이 없고 이후에도 절대 그럴 일이 없기 때문이다.

불과 10년 전만 해도 보통 사람들이 따뜻한 밥 한 끼를 걱정 없이 먹을 때 나는 그 돈을 아끼기 위해 천 원짜리 김밥, 천 원짜리 옥수수로 끼니를 대신했다. 그들이 편히 쉬고 있을 때 나는 암 투병을 하면서 선릉역 인근 거리에서 일하다가 기절하고 수없이 많은 오바이트를 하면서 고객을 만나러 돌아다녔고, 주말 한 번 제대로 쉬지도 못하고 일했고, 한여름에 한 달 반 동안을 어느 부잣집 앞에서 나 박정수라는 사람을 좀 만나달라고 새벽부터 밤까지 계속 서 있기도 했다.

수없이 많은 독서와, 수도 없이 많은 지방 부동산 임장과, 수도 없이 많은 부동산중개사무소 방문과 수도 없이 많은 나만의 고민을 해왔다. 그런데 이게 비난받을 일인가?

나는 아주 큰 부자가 되고 싶었고, 성실하고 착한 사람에게 스승이 되고 싶었고, 미친 듯 열심히 사는 사람에게 성공의 증거가 되고 싶었다.

이런 내가 되기 위해 그들은 감히 상상할 수조차 없는 고통과 아픔, 경제적 손실을 겪어야만 했다.

내가 투기를 하는 사람인가? 단기에 사고파는 주식은 투기라고 생각한다. 단기에 사고파는 부동산도 투기라고 생각한다. 하지만 나는 가지고 있는 부동산은 거의 내가 죽을 때까지 팔지 않는다. 이게 투기인가?

내가 아파트를 산 곳은 딱 하나의 아파트만 시장에 나와서 내가 그것을 아주 몰래 구입한 게 아니라, 예전에도 그렇고 지금도 그렇고 아파트는 시장에 워낙 많이 나와 있고 그 누구도 쉽게 구입할 수 있다. 내가 구입한 매매가보다 더 낮은 금액으로 나와 있는 아파트도 아주 많다. 지금 구입한다면 돈도 별로 들지 않는다.

그런데도 대부분의 사람들은 그 아파트를 사지 않는다. 매매가가 떨어질까 봐 또는 투자에 자신이 없어서다. 난 만나는 사람마다 그 아파트를 사라고 권했지만 대부분은 구입하지 않는다. 나는 그런 아파트를 구입한 것이다.

그런데 시간이 지나서 그 아파트 가격이 오르면 내 주변에 있던 사람들, 내가 꼭 그 아파트를 사라고 조언했던 사람들조차도 나를 미워하고 비난한다. 나에게 나쁜 놈, 사기꾼이라고 한다. 그런데 내가 정말 나쁜 놈인가?

간곡히 부탁드린다. 박정수라는 사람을 욕하려면 박정수라는 사람이 어떤 사람인지 제대로 알고 이야기해 달라. 그리고 박정수를 욕하기 전에 그렇게 욕하는 당신이 지금 얼마나 열심히 살고 있나 한번 생각해보고 나서 욕을 해달라. 박정수뿐만이 아니다. 누군가를 비난할 자격이 주어지려면 최소한 그 사람이 어떤 사람인지 파악이라도 하는 노력이 필요하다.

포기, 투덜대기, 한숨 금지

　나는 한평생을 살아가면서 힘든 일이 있다고 하여 투덜대거나 한숨 쉬는 행동을 정말 싫어한다. 살아가는 게 힘들다고 징징대고, 어떤 문제가 어렵다고 징징대고, 가지고 있는 아파트 전세가가 수 천 만원 떨어졌다고 징징대고, 다른 사람 때문에 스트레스 받는다고 징징대는 사람들이 의외로 우리 주변에는 참 많다.

　그런데 그렇게 징징거리면 뭐 하나라도 해결이 되는가? 사람은 웃는 사람의 주변에 모여들고, 밝은 일들도 활기차고 밝은 사람에게 일어난다. 도전하는 모습에 신도 그 사람에게 선물을 주는 것이 아니겠는가?

앞 장에서 예를 들었듯이 예전 나의 후배가 나를 통해 수 십 채의 아파트를 가졌음에도 부동산 시장이 극도로 안 좋아지고 전세가가 떨어지자, 그 모든 일이 나 때문이라는 식으로 말을 하고 계속 징징대기에 나는 결국 호통을 치고 관계를 끊었던 때가 있었다.

그 전까지는 그 부부와 수없이 만나서 나만이 가진 세상에 대한 도전정신, 큰 마음가짐과 베푸는 마인드를 전달했다고 믿었지만 알고 보니 그게 아니었던 것이다. 아파트를 많이 갖자는 것은 그만큼 더 많이 대범해지고, 당당하자는 것이었지 그저 징징대고 남 탓이나 하고, 세상을 어둡게 보자는 게 아니지 않은가?

후배와 같은 사람이 있는가 하면, 그렇지 않은 사람도 많다. 어떤 분은 나를 만나기 전까지는 부동산 투자가 왜 필요한지도 모르고 그럭저럭 살아오다가, 나를 만나면서 아파트 투자를 시작했다. 하지만 이번에 전세가가 크게 하락하면서 고민이 많았다. 어떻게 할까 고민하다가 내가 전에 가르쳐준 대로 직접 세입자를 만나 서로 머리를 맞대고 협상하고 밀고 당기기를 하고, 내가 개발한 역전세 해결방안을 가지고 세입자에게 설명도 하면서 자기의 주장이 세입자에게 이해되는 것에 기쁨을 느꼈다고 한다. '협상이라는 게 이렇게 하는 것이구나'라는 경험을 하게 되었다면서 다른 세입자를 더 많이 만나서 또 다른 협상을 더 해보고 싶다면서 나에게 고맙다고 카톡이 왔다.

어떤 이는 전세가가 떨어져서 징징대고, 어떤 이는 전세가가 떨어졌지만 협상을 배운다. 이 두 사람의 모습 중에 성공할 떡잎이 보이는 사람은 누구인가? 답은 너무나도 명확하다. 이런 모습이 진정 우리가 가져야 할 모습이 아닐까? 세입자를 만나볼 생각도 안 하고, 그저 전세가가 떨어졌다고 하여 자포자기하는 모습은 절대 아니다.

나는 PJS컨설팅과 쇼하우스가 부동산의 극심한 침체로 2018년부터 경영상 어려움을 겪을 때, 그리고 직원들이 동요하기 시작할 때, "무조건 도전하자"고 직원들에게 말했다. 하지만 직원들은 나에게 갖가지 이유를 대면서 그 어려운 시간을 피하자고 했다.

회원들의 아파트 임대관리도 하지 말고, 그저 대표님의 아파트만을 가지고 사업을 하자는 직원도 있었다. 어떤 방법으로 도전해보자, 어떤 방법으로 이 난관을 타개해보자는 직원은 하나도 없었다. 지금은 피하는 방법밖에 없다고 주장했다.

나는 그런 직원들에게 수없이 경고를 했고 절대 내.앞에서 부정적인 말은 꺼내지도 말라고 했다. 그런데도 계속 부정적인 말과 부정적인 태도만 보이기에 결국 나는 그들과 작별을 고했다.

장수가 아무리 "전진"을 외쳐도 수하 부하들이 따라주지 않으면 전투는 해보나 마나다. 그래, 맞다. 나처럼 도전정신으로 부딪혀 싸워보려는 부하들이 없었다. 좋을 때는 모두 나와 함께 도전하겠다고 말했지만, 힘들 때는 본연의 모습, 즉 피하고 회피하는 모습만 보였다. 어쩌면 대부분의 사람들이 그런 모습일 것이다. 그들을 비난할 이유도 없고, 그들의 입장도 한편으로는 이해된다. 하지만 포기하지 않고, 어려움을 알면서도 피하지 않고 끝까지 밀고 나가는 사람만이 1%가 될 수 있다.

나는 어떤 고난과 고통이 와도 결코 포기하고 싶지 않다. 내가 왜 포기한다는 말인가? 아직 제대로 그 고통과 싸워보지도 않았는데 말이다. 포기를 쉽게 했다면 그건 박정수가 아니다.

나는 이 책을 읽는 당신이 나의 이런 모습을 보고 배우기를 진심으로 바란다. 당신만큼은 부디 쉽게 포기하지 말기 바란다. 주변 상황에 징징대지 말자. 부동산 투자를 하는 당신, 부자가 되고자 최선을 다하는 당신은 당당함과 대범함, 도전정신을 가져야 하는 것이지 징징대고 포기하는 습관을 가져서는 안 된다. 부탁이다.

20평대 아파트는 확장이 필수다

주택임대사업이 목적인 사람들은 소형인 20평대 아파트를 구입하는 경우가 많다. 20평대 아파트는 가장 구입하기 쉽고 세입자들에게도 인기가 많다.

하지만 실제로 20평대 아파트의 실내를 보면 이게 정말 사람이 살 수 있을 정도의 규모인지 의심스러울 때가 많다. 2인 가구가 거주하기에도 방들의 크기가 작고, 거실도 요즘 젊은 부부가 살기에 협소하다. 과거에는 이런 아파트에 사는 것도 행복이라고 생각할 수 있었겠지만, 지금은 꺼리는 사람들이 상당히 많다.

그래서 나는 20평대 아파트는 무조건 확장을 해야 한다고 주장한다. 거실도 확장하고, 작은방들도 확장을 해야 인간이 살아갈 수 있는 제대로 된 안식처가 된다. 나는 요즘 내가 소유한 30평대 아파트들도 확장을 하고 있다. 30평대 아파트도 예전에는 크게 느껴졌지만 지금 보면 작게 느껴져서 확장해서 세입자를 구한다.

확장을 한 아파트가 인기가 많겠는가? 아니면 확장을 하지 않은 아파트가 인기가 많겠는가? 답은 지극히 명확하다.

인테리어 비용은 들인 만큼
고스란히 돌아온다

아파트를 소유한 대부분의 사람들은 인테리어에 많은 금액을 투입하려 하지 않는다. 인테리어 비용은 적게, 전세금은 높게 하는 것이 전략적이라고 판단한다. 하지만 이 판단이 올바른지는 다시 생각해야 한다. 당신이 전세 세입자라면 비슷한 값일 때 어떤 아파트에 들어가고 싶은가? 답은 자명하다.

나의 쇼하우스 직원들은 내가 인테리어 지시를 내리면 다들 놀란다. 32평 아파트에 2천만 원대의 인테리어 비용을 들여 수리하는 게 좋겠다고 보고하면, 나는 오히려 화를 낸다. 그렇게 적은 금액으로 인테리어를 하면 집을 보러 온 세입자에게 큰 임팩트를 줄 수 없고 나중에 추가로 공사비가 더 들 수도 있기 때문이며, 경쟁력을 갖기 위해서는 그 아파트를 완전히 호텔급으로 만들어야 한다고 하면서 금액을 높여 공사할 것을 지시한다.

그러면 다들 나를 걱정한다. "대표님이 거주할 아파트도 아닌데 그렇게 돈을 많이 들여도 괜찮을까요?"라며 재차 묻는다. 나의 대답은 항상 "괜찮아! 그렇게 호텔급으로 인테리어를 해야 내 아파트의 인기가 최고로 많아져. 대부분의 집주인들이 인테리어 비용은 조금만 쓸 거 아니냐? 하지만 이렇게 공사금액을 많이 들여서 호텔처럼 만들어 놓으면 내 아파트는 독점적인 지위를 갖게 되는 거야! 인테리어는 보통으로 하는 게 아니라 완전히 호텔급으로 해야 하는 거란다! 세입자들은 내 집에 들어오고 싶어 안달을 할 거야. 인테리어에 돈을 조금 들이겠다고 하는 집주인들이 많기 때문에 내가 그들을 이길 수 있어! 인테리어에 돈을 많이 들이고 대신 그만큼 전세금을 올리면 되는 거 아니냐? 그러면 세입자도 좋고, 나도 좋고."

인테리어에 대한 나의 전략이 경쟁력을 갖는 이유는 대부분의 집주인들이 인테리어에 돈을 쓰지 않으면서 세입자를 쉽게 구하려고 하기 때문이다.

인테리어를 제대로 해 놓지 않거나 남들 수준에 맞추다 보면 경쟁력이 없거나 떨어지고, 높은 금액에 전세를 구하기도 어렵다. 전략을 바꿔 4천만 원을 들여 인테리어를 최고급으로 하고, 기존 전세금보다 4천만 원 더 올려서 세입자를 구하면 어떤가? 나도 좋고 세입자도 좋은 환경이 될 수 있다.

인테리어에 대한 생각은 도널드 트럼프의 책을 읽고 터득하였다. 트럼프는 자신의 빌딩에 최고의 인테리어 시설을 완비하여 다른 빌딩과는 비교할 수 없을 만큼 차별화를 시킨다. 프로는 프로답게 행동해야 한다. 프로가 아마추어와 경쟁하려다 보면 자신도 어느새 아마추어처럼 되어 버린다.

나는 호텔처럼 바뀐 내 아파트를 보면 스스로 감동한다. 우와, 내 아파트가 이런 멋진 곳이라니. 직원들도 놀란다.

"우와! 집이 이렇게 좋을 수도 있구나. 그런데 우리 대표님은 괜찮으실까? 이렇게 돈을 많이 들이셔서….."

인테리어는 예술이다. 세입자를 단번에 끌어 모으는 예술이다. 세입자를 감동을 시키는 예술이다. 그렇다면 그 예술에 돈을 아끼지 말고 투입해야 한다. 어차피 인테리어 비용은 소득세나 양도세를 계산할 때 모두 공제를 받는다. 또한 인테리어가 훌륭한 아파트에 입주하는 세입자들은 집을 아껴 쓸 확률이 크다. 반대로 인테리어가 별로라면 세입자들이 그 아파트를 소중히 다룰까?

다음 사진들은 내가 소유하고 있는 아파트의 실제 인테리어 사례이다. 집을 구하러 온 세입자들이 전세금을 더 내더라도 이런 멋진 집에 살려고 하지 않겠는가? 그래서 임대업을 하는 사람들 중에 프로들은 다른 아파트와 완벽히 비교될 정도로 인테리어에 비용을 투입한 후 세입자를 구한다.

그런데 대부분의 집주인들은 인테리어 비용을 최대한 저렴하게만 하려고 하니 이 얼마나 프로들에게는 다행스러운 일인가? 특히 지금처럼 부동산 시장이 극도로 좋지 않을 때 인테리어가 더욱 빛을 발한다. 부디 인테리어에 돈을 아끼지 말자. 돈을 많이 들이는 만큼 보상은 충분히 돌아온다.

저평가 매물이 넘치고 경쟁자들이 사라진,
지금이 투자할 때다

나는 부동산 책에서 하는 말은 거의 믿지 않으며, 신문이나 방송에 나오는 부동산 전문가의 말도 듣지 않는다.

부동산 책을 쓴 저자들이 비록 이론에는 강할지 몰라도 대부분 실제 투자 경험은 그리 많지 않다. 10년 이상 투자를 했다는 저자들도 알고 보면 경력을 부풀리기 일쑤다. 그러다 보니 현장과는 동떨어진 이론적인 내용이 대부분이며, 세무적인 내용들이 과다하게 많다. 자신의 경험을 통해 구체적인 방향을 제시하는 경우는 찾아보기 어렵다.

투자라는 것은 이론만으로 되지 않는다. 세금이 중요하다고 생각할 수도 있겠지만 그 또한 투자에 있어 주된 내용은 아니다.

이론가들은 신문이나 방송에서 나오는 뉴스를 바탕으로 한 현실만을 다룬다. 겉은 화려해 보이지만 속은 비었다고나 할까. 부동산 투자에 대한 현실적인 깊이가 없다. 경험 없이는 그 깊이를 도무지 알 길이 없기 때문일 것이다.

또한 이런 책들과 신문과 뉴스들은 "언제 투자하면 좋을까요?"라는 질문에 속 시원히 대답하지 않는다. 지금은 참고 기다리라고만 한다. 지금은 정부 규제가 심하니 투자할 때가 아니라고 한다. 참으로 책임감 없는 포지션이다. 투자하지 않으면 최소한 손실날 일은 없으니 책임질 일도 없다. 그렇게 투자자들이 진짜 듣고 싶어 하는 말을 피해간다.

하지만 나는 "투자를 언제 하면 좋을까요?"라고 질문을 받는다면, "바로 지금입니다"라고 단호히 대답한다.

요즘처럼 정부의 규제가 최대치일 만큼 강력하고, 그에 따라 수많은 투자자들이 투자를 포기하고 있고, 이렇게 부동산 경기가 죽어 있을 때가 과연 지금까지 몇 번이나 있었는가? 지난 수십 년을 돌이켜봐도 자주 있는 일이 아니다. 즉, 자주 오는 기회가 아니라는 말이다.

나는 솔직히 속이 타고 애가 끓는다. 좋은 물건들이 눈에 보인다. 부동산 시장에 널리고 널렸다. 그런데 예전과 달리 경쟁자도 없다. 이 얼마나 좋은가? 투자에 있어 이처럼 좋은 기회가 있을까?

예전에는 경쟁자들이 너무나 많아서 문제였는데 지금은 경쟁자들도 없고, 좋은 물건들이 널려 있다. 살아가면서 이런 최상의 기회가 얼마나 자주 오겠는가?

그런데 신문이나 방송을 아무리 뒤져봐도 지금이 투자 시기라고 말하는 전문가는 한 명도 없다. 그저 피하는 게 상책이라는 말만 무성하다.

부동산 시장이 좋아서 경쟁자들이 넘쳐날 때는 적극적으로 투자하라고 하고, 투자하려는 사람이 거의 없을 때에는 숨어 있으라고 하니. 이런 사람이 전문가인가? 그런 말은 전문가가 아니어도 할 수 있다.

주식투자자들은 숨어 있는 진주, 즉 저평가된 주식을 우연히 발견하면 숨이 멎을 것처럼 기뻐한다고 한다. 부동산도 다를 게 없다. 지금 시장에는 너무나도 저평가된 아파트들이 넘쳐난다. 나의 숨을 멎게 만들 정도로 말이다.

61

유능한 대출상담사는
투자자에게 필수이다

아파트 투자를 하다 보면 '대출이라는 것이 꼭 필요할 수밖에 없겠구나'라고 느낄 때가 참 많다. 나 역시 과거에는 대출을 받아 아파트 투자를 하기도 했었다.

특히 지금처럼 부동산의 침체기에도 대출이 필요할 때가 많다. 기존 세입자가 나가고자 할 때와 새로운 세입자가 들어오고자 할 때의 시간이 맞지 않으면 어쩔 수 없이 대출로 그 공백을 메워야 하는 경우도 있고, 또는 기존 세입자가 이사를 가야 하는데 새로운 세입자를 구하지 못했을 때에도 집주인은 당연히 대출을 받아서라도 기존 세입자와의 갈등을 만들지 말아야 할 것이다.

그런데 막상 이런 일들이 발생했을 때 은행 대출이 막히는 경우가 아주 많다. 1금융권인 은행은 정부의 정책을 무조건 따라야 하기 때문이다. 이렇게 은행에서 대출이 되지 않으면 2금융권인 새마을금고, 신협, 저축은행 등을 알아봐야 한다. 물론 이런 곳도 대출금액에 한도가 있어서 담보를 제공할 아파트가 아무리 많다 해도 무제한으로 대출을 해주지는 않는다. 하지만 이렇게라도 대출을 받을 수 있다는 사실이 얼마나 다행인가.

문제는 개인이 대출이 되는 금융기관을 일일이 알아보기가 생각만큼 쉽지 않다는 사실이다. 혼자서 전국의 모든 새마을금고, 신협, 저축은행에 전화해서 대출이 되는지, 안 되는지 물어봐야 하는데, 어떻게 쉽겠는가?

바로 이럴 때 투자자들에게는 특히 주택임대사업자에게는 유능한 대출상담사가 필수적이다. 당신이 유능한 대출상담사를 알고 있으면 그 사람에게 대출을 의뢰하면 되고, 그는 전국 모든 지역의 대출이 가능한 금융기관을 검색해서 당신에게 알려준다.

혹시 믿을 만한 대출상담사를 만나기 어렵다면, 우리 PJS컨설팅을 전속으로 도와주시는 대출상담사를 소개해 드리겠다(홍성진 과장. 010 7373 6569). 일을 정말 기가 막히게 잘한다. 10여 년간 숱한 대출상담사를 만나봤지만 이분처럼 친절하고 프로다운 사람은 없었다.

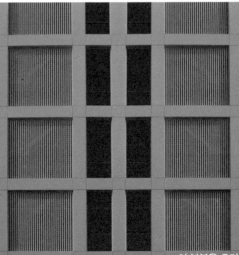

4부

—

박정수의 부동산
투자 비밀노트

여기에 실린 내용은 회당 550만 원인 강의 중 일부를 발췌한 것입니다.
보다 자세한 내용은 저자 프로필의 카페를 참조하세요.

이 부분을 오려 사용하세요. ▶

62

서울 아파트 실전 투자 예시

　내가 서울에 투자했던 아파트의 실제 예를 설명하고자 한다. 지금은 서울에 갭투자를 할 수 없을 정도로 매매가와 전세가의 차이가 크다. 내가 여기에 실제 아파트 명을 명시하는 이유는, 지금은 서울의 아파트를 대상으로 갭투자를 할 수 없다는 사실을 잘 알기 때문이다. 대신 여기에서 다룬 나의 실수, 나의 경험은 당신의 투자 방식에 조금이나마 도움이 될 것이다.

　특히 나의 서울 아파트 투자 경험의 결론, 즉 서울의 어떤 아파트를 구입해야 큰 수익을 얻을 수 있는지에 대한 내용을 읽어보면 당신도 고개를 끄덕일 것이다.

서울에 투자하면서 정말 쉬운 결론을 얻게 되었다. 원래 나의 부동산 투자론은 정말 이해하기가 쉽다. 뜬구름 잡는 식의 이론이 아니라 풍부한 실제 경험을 바탕으로 투자자들에게 핵심만 알려주기 때문에 쉬울 수밖에 없다.

나는 앞서 부동산 투자를 할 때 공부할 내용이 그다지 많지 않다는 사실을 언급했다. 부동산 투자는 복잡한 공식을 외워서 될 일이 아니다. 나보다 먼저 부동산 투자로 크게 성공한 사람들의 경험을 내 것으로 체화해서 바로 활용하면 된다. 아파트에 투자하는데 무슨 어려운 원칙을 이야기하거나, 어느 지역이 크게 뜬다고 하는 강의나 책은 무시해도 된다. 경험하지 않았기 때문에 하는 이야기일 뿐이다.

나의 실제 투자 경험담을 꼼꼼히 읽어보길 바란다. 재미도 있고 투자에 도움도 될 것이다. 나에게는 그 시절 살 떨리는 경험들이었다.

나는 서울의 아파트에 투자해야겠다고 결심하고 여러 지역을 돌아다니며 정보를 취합하였다. 그런데 이유를 설명할 수는 없으나 영등포 문래역 쪽으로 쏠리는 관심을 외면할 수 없었다. 농불적 감각에 의존하여 문래역 인근의 현장을 조사하는 중, '여기가 안성맞춤이다'는 느낌이 강하게 들었다. 근처에 전철역이 있는데도 개발이 덜 되어서 더 개발될 확률이 크고, 현재는 상당히 저평가되어 있다고 판단하였다. 이 지역의 조사를 마치며, 투자대상으로 다음 지도에 나오는 '문래힐스테이트'와 '문래자이' 아파트, 이렇게 2개로 좁혀졌다.

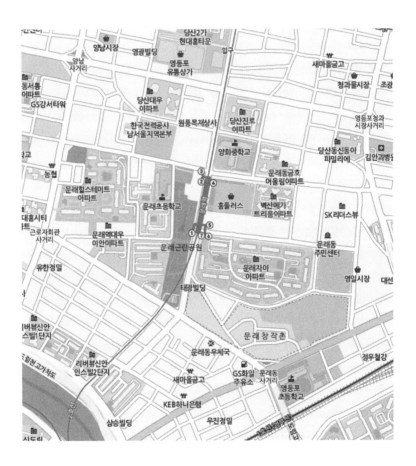

　'문래힐스테이트'와 '문래자이'의 차이점을 살펴보자.

　'문래자이'는 2호선 문래역 바로 옆에 위치한다. 교통 환경이 최상이며, 출퇴근도 매우 용이하다. 그런데 특징은 그것뿐이다. 투자에 있이 중요한 교육환경과 거리가 멀다. 초등학교가 멀리 있어서, 아이를 키우는 부모 입장에서는 선택하기 쉽지 않다.

걸어서 3분 거리에 홈플러스가 있기는 하지만, 이를 제외하고는 주변 상권이 발달되지 않아 황량한 느낌이 들 정도다.

반면 '문래힐스테이트'는 문래역에서 걸어서 4분 거리에 위치한다. 전철역에서 그리 멀지 않고 초등학교가 아주 가깝다. 문래공원도 가까이 있다. 주변 상권도 발달되어 있고 병원, 학원 등도 접근성이 좋다. 게다가 이곳을 조사했던 4년 전에는 문래힐스테이트가 문래자이보다 매매가가 1억 정도 저렴했다.

이 두 아파트 주변을 계속 돌아보며 어떤 곳이 투자하기에 더 안성맞춤인지 고민하였다. 최종 결론은 문래힐스테이트였다. 문래자이보다는 문래역에서 약 4분 정도 멀지만 그것을 제외한 나머지 조건들은 문래힐스테이트가 월등히 앞선다는 결론을 내었고, 무엇보다 문래힐스테이트가 저평가된 아파트라고 생각했다. 그래서 문래힐스테이트를 시간을 두고 3채 정도 구입했다.

그런데 이게 실수였다. 나는 서울의 아파트를 구입하는 데 있어 교통뿐만 아니라 교육환경, 상권, 학원 등도 검토 대상이라고 생각했다. 이전까지 나의 투자 지론이기도 했다. 수년 동안 읽어왔던 부동산 책들도 다 이 조건을 바탕으로 아파트를 골라야 한다고 주장했다. 그러니 나도 그렇게 생각할 수밖에 없었다. 하지만 착오였다. 서울은 무조건 교통 환경만 따져서 투자해야 한다. 교육환경? 상가? 학원시설? 다 필요 없다. 오직 교통이다. 그럼 된다.

이어서 두 아파트의 시세를 살펴보자.

[문래동3가] 문래힐스테이트 📍거리뷰 | 관심단지등록 | 단지매물전체

| 매물 | 시세 | 🔟 실거래가 | 단지정보 | 평면도 | 🔟 학군정보 | 관리비 | 커뮤니티 | 대출 |

○ ● 한국감정원 시세   ○ 부동산뱅크 시세   [국토교통부 실거래가 보기]

면적별 시세

시세 기준일 | 2019.02.25

면적(㎡)	매매가(만원)			전세가(만원)		
공급/전용	하한가	상한가	전주 대비 변동액	하한가	상한가	전주 대비 변동액
111/84.92	83,000	89,800	–	57,000	63,000	–
149/119.47	98,000	114,500	–	63,000	74,000	–
149/119.47	98,000	114,500	–	63,000	74,000	–
168/137.82	100,000	111,000	–	65,000	71,000	–
203/165.18	108,000	117,000	–	74,000	80,000	–

본 시세는 실거래 가격,방매 사례 및 시세 도움 중개업소 의견가격 등을 종합 참작하여 **한국감정원에서 제공하는 시세 범위**이며,
개별적인 감정평가액이나 특정 실거래가격 및 민간 업체 시세와는 다소 차이가 날 수 있습니다.
시세 도움 중개업소 : **LBA현대공인중개사사무소 02-3667-6000**
한국감정원 **부동산테크(www.rtech.or.kr)**에서 전국 아파트 시세를 조회할 수 있습니다.

시세변동 추이

111/84.92㎡ 149/119.47㎡ 149/119.47㎡ 168/137.82㎡ 203/165.18㎡

| 매매▼ | 전세 | (입주일로부터 최장 7년시세) 1년 | **3년** | 5년 | 7년

(만원)
100,000
90,000
80,000
70,000
60,000

16.03 16.06 16.09 16.12 17.04 17.08 17.11 18.03 18.06 18.10 19.02 (년월)

■ 상위평균가(만원) ■ 하위평균가(만원)

월별 시세

기준일	111/84.92㎡ 매매가(만원)			111/84.92㎡ 전세가(만원)		
	하한가	상한가	평균변동액	하한가	상한가	평균변동액
2019.02.25	83,000	89,800	–	57,000	63,000	–
2019.01.28	83,000	89,800	–	57,000	63,000	–
2018.12.31	83,000	89,800	–	57,000	63,000	–
2018.11.26	83,000	89,800	↑ 1,900	57,000	63,000	↑ 1,500
2018.10.29	80,000	89,000	–	57,000	60,000	–
2018.09.17	80,000	89,000	–	57,000	60,000	–
2018.08.27	80,000	89,000	↑ 7,500	57,000	60,000	↑ 1,000
2018.07.30	70,000	84,000	–	56,000	59,000	–
2018.06.25	70,000	84,000	↑ 6,500	56,000	59,000	–
2018.05.28	68,000	73,000	–	56,000	59,000	–
2018.04.30	68,000	73,000	–	56,000	59,000	–
2018.03.26	68,000	73,000	–	56,000	59,000	–

[문래동3가] 문래자이 🔵거리뷰 🏠항공뷰 관심단지등록 | 단지매물전체

| 매물 | 시세 | 📷 실거래가 | 단지정보 | 평면도 | 동호수 | 📷 학군정보 | 관리비 | 커뮤니티 | 대출 |

◉ 한국감정원 시세 ○ 부동산뱅크 시세   [국토교통부 실거래가 보기]

면적별 시세
시세 기준일 | 2019.02.25

면적(㎡)	매매가(만원)			전세가(만원)		
공급/전용	하한가	상한가	전주 대비 변동액	하한가	상한가	전주 대비 변동액
115/84.98	88,000	105,000	–	55,000	66,000	–
155/121.53	105,000	115,000	–	67,000	78,000	–
185/147.34	110,000	135,000	–	70,000	80,000	–

본 시세는 실거래 가격, 방매 사례 및 시세 도움 중개업소 의견가격 등을 종합 참작하여 **한국감정원에서 제공하는 시세 범위**이며, 개별적인 감정평가액이나 특정 실거래가격 및 민간 업체 시세와는 다소 차이가 날 수 있습니다.
한국감정원 **부동산테크(www.rtech.or.kr)**에서 전국 아파트 시세를 조회할 수 있습니다.

시세변동 추이

115/84.98㎡ 155/121.53㎡ 185/147.34㎡

| 매매▼ | 전세 | (입주일로부터 최장 7년시세) 1년 3년 5년 7년

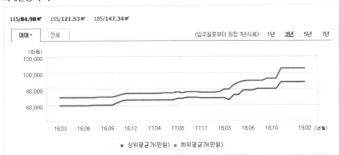

■ 상위평균가(만원) ■ 하위평균가(만원)

월별 시세

기준일	115/84.98㎡ 매매가(만원)			115/84.98㎡ 전세가(만원)		
	하한가	상한가	평균변동액	하한가	상한가	평균변동액
2019.02.25	88,000	105,000	–	55,000	66,000	–
2019.01.28	88,000	105,000	–	55,000	66,000	↑ 500
2018.12.31	88,000	105,000	–	55,000	65,000	–
2018.11.26	88,000	105,000	↑ 10,500	55,000	65,000	↑ 1,000
2018.10.29	80,000	92,000	–	54,000	64,000	–
2018.09.17	80,000	92,000	↑ 1,000	54,000	64,000	–
2018.08.27	80,000	90,000	–	54,000	64,000	–
2018.07.30	80,000	90,000	↑ 1,100	54,000	64,000	↓ 1,000
2018.06.25	78,000	89,800	↑ 400	55,000	65,000	–
2018.05.28	78,000	89,000	↑ 3,750	55,000	65,000	↑ 4,000
2018.04.30	72,000	87,500	↑ 7,250	52,000	60,000	↓ 500

앞의 그림들은 두 아파트의 동일한 30평대 시세다. 2018년 3월 기준, 문래자이는 매매가 7억9000만 원, 전세가는 6억 원이었고, 문래힐스테이트는 매매가 7억3천만 원, 전세가는 5억9천만 원 정도였다. 나는 문래힐스테이트가 문래자이와 비슷한 가격으로 치고 올라올 거라 예상했다.

그런데 시세를 보면 알겠지만 문래자이는 2019년 2월 기준 매매가가 10억5천만 원으로 1년 동안 2억6천만 원이 올랐다. 전세가도 1년간 6억에서 6억6천만 원으로 6천만 원이 올랐다. 하지만 문래힐스테이트는 2019년 2월 기준 매매가가 8억9800만 원으로써 1년 동안 1억6800만 원이 올랐다. 전세가는 5억9천만 원에서 6억3천만 원으로 4천만 원이 올랐다.

문래자이의 완승이었다. 문래자이는 매매가도 가파르게 올랐고, 전세가도 문래힐스테이트보다 1년 동안 2천만 원이 더 올랐다.

앞의 시세 그래프를 보더라도 3년간 계속 가파르게 오른 것은 문래자이였다. 문래자이는 3년 동안 3억6천만 원의 매매가 상승이 있었다. 그러나 문래힐스테이트는 2억6천여만 원의 매매가 상승을 보였다.

나는 문래힐스테이트가 저평가되었다고 판단했는데 아주 건방진 착각이었다. 두 아파트를 비교하면서 서울의 아파트에 투자할 때는 다른 것은 따지지 말고 오직 '교통,' 즉 지하철역에서 얼마나 가까운지가 가장 중요한 판단의 대상이 되어야 함을 알게 되었다.

문래자이아파트 외에도 내가 서울에 소유한 아파트들 중 전철역에서 가까운 아파트들의 집값 상승이 도드라진다. 그 예는 매우 많다.

서울에서 아파트를 고를 때는 교육환경이나 상가, 학원시설 등은 아무 의미가 없다. 오직 교통이다. 전철역 바로 옆에 있는 서울의 대단지 아파트라면 보물 중의 보물이다.

63

또 다른 서울 아파트 투자 예시

문래동 아파트 투자를 통해 서울 아파트에 투자할 때는 교통 즉 지하철역과의 거리가 핵심 요소라는 중요한 사실을 깨달았다. 이후 나는 직원들에게 지시할 때도 지하철역에서 아주 가까우면서도 저평가된 아파트를 위주로 찾게 하였다.

직원들이 투자 대상으로 꼽은 몇 군데가 있었다. 그중 하나가 다음에 나오는 당산쌍용예가 아파트였다.

이 아파트는 너블익세권인 영등포구청역에서 걸어서 3분 정도밖에 걸리지 않는 곳에 위치하여 메리트가 있어 보였다. 그런데 문제는 2가지였다. 첫 번째로 세대수가 200여 세대밖에 안 된다는 점, 두 번째로는 내가 구입하려고 했던 2017년 4월까지 이 아파트의 매매가가 5~6년 동안 거의 오르지 않고 있었다는 점이었다. 특히 세대수가 너무 적다는 점이 마음에 걸렸다. 세대수가 어느 정도 있어야 하지 않을까라는 생각이 앞섰다.

[당산동3가] 당산쌍용예가클래식 관심단지등록 | 단지매물전체

| 매물 | **시세** | ☒ 실거래가 | 단지정보 | 평면도 | 동호수 | ☒ 학군정보 | 관리비 | 커뮤니티 | 대출 |

◉ 한국감정원 시세　○ 부동산뱅크 시세　　　　　　　　　　　　**국토교통부 실거래가 보기**

면적별 시세

시세 기준일 | 2019.02.25

면적(㎡)	매매가(만원)			전세가(만원)		
공급/전용	하한가	상한가	전주 대비 변동액	하한가	상한가	전주 대비 변동액
71/54.87	56,500	**62,000**	–	39,000	**44,000**	–
83/63.92	58,000	**64,000**	–	41,000	**46,000**	–
93/68.28	62,000	**69,000**	–	45,000	**50,000**	–
93/68.27	62,000	**69,000**	–	45,000	**50,000**	–
106/77.5	69,000	**77,000**	–	47,000	**52,000**	–
114/88.03	72,000	**79,000**	–	50,000	**54,000**	–
115/88.02	72,000	**79,000**	–	50,000	**54,000**	–
124/95.2	75,000	**82,000**	–	51,000	**56,000**	–
137/106.56	79,000	**86,000**	–	55,000	**60,000**	–

본 시세는 실거래 가격, 방매 사례 및 시세 도움 중개업소 의견가격 등을 종합 참작하여 **한국감정원에서 제공하는 시세 범위**이며,
개별적인 감정평가액이나 특정 실거래가격 및 민간 업체 시세와는 다소 차이가 날 수 있습니다.
시세 도움 중개업소 : **삼호114공인중개사사무소 02-2678-0111**
한국감정원 **부동산테크(www.rtech.or.kr)**에서 전국 아파트 시세를 조회할 수 있습니다.

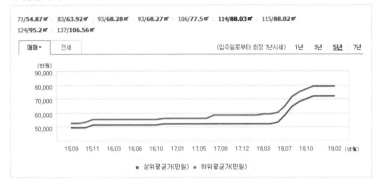

월별 시세

기준일	114/88.03㎡ 매매가(만원)			114/88.03㎡ 전세가(만원)		
	하한가	상한가	평균변동액	하한가	상한가	평균변동액
2019.02.25	72,000	79,000	–	50,000	54,000	–
2019.01.28	72,000	79,000	–	50,000	54,000	–
2018.12.31	72,000	79,000	–	50,000	54,000	–
2018.11.26	72,000	79,000	↑ 2,000	50,000	54,000	↑ 1,000
2018.10.29	70,000	77,000	↑ 2,000	49,000	53,000	
2018.09.17	68,000	75,000	↑ 3,500	49,000	53,000	↑ 1,000
2018.08.27	64,500	71,500	↑ 2,500	48,000	52,000	–
2018.07.30	62,000	69,000	↑ 4,000	48,000	52,000	–
2018.06.25	58,000	65,000	↑ 6,000	48,000	52,000	↑ 4,000
2018.05.28	52,000	59,000	–	44,000	48,000	–
2018.04.30	52,000	59,000	–	44,000	48,000	–
2018.03.26	52,000	59,000	–	44,000	48,000	–

하지만 나는 문래자이의 교훈을 통해 서울에 있는 아파트에 투자할 때는 전철역 옆에만 있어도 된다는 점을 믿고 투자를 결행했다. 이 아파트를 팔았던 전 주인도 나에게 이 아파트를 왜

사느냐고 반문할 정도였다. 이렇게도 안 오르는 아파트를 왜 굳이 구입하려는지 이유를 모르겠다면서, 자신도 이 아파트를 팔게 되어 기분이 좋다고 한다.

그런데 시세 그래프를 한번 보자. 2017년 6월에 잠깐 한 번 오르고 말더니, 2018년 6월부터 11월까지 끊임없이 올랐다. 2018년 3월 5억9천이던 매매가가 2019년 2월에는 7억9천으로 2억 원이 오른 것이다. 채 1년도 안 돼 일어난 일이다. 내가 최고의 투자 대상이라고 생각했던 문래힐스테이트보다도 오히려 1년 동안 더 많이 상승했다. 겨우 200여 세대밖에 안 되는 아파트가 말이다. 만약 이 아파트에 갭투자를 했다면 문래자이나 문래힐스테이트와는 감히 비교조차 할 수 없는 엄청난 수익률을 거두었을 것이다.

당산쌍용예가의 상승률이 이처럼 높았던 이유는, 더블역세권이라는 교통호재와 2017년 5월까지 지난 5~6년 동안 매매가가 거의 오르지 않았기 때문이다. 이는 곧 저평가로 인식되어 단기간에 엄청난 상승이 가능했다. 전세가도 1년 만에 거의 6천만 원 오르면서 보물 중에 보물이 되었다.

당산쌍용예가 외에도 내가 소유한 아파트 중 이와 비슷한 사례는 상당수 있다. 내가 이 책에서 부자가 되는 특급 노하우는 한번 사놓고 오래 기다리는 것이라고 여러 차례 강조했다. 그 예로 가장 적합한 경우가 당산쌍용예가 아파트이다.

서울 아파트 투자 결론

    내가 실제로 투자했던 아파트를 통해 서울 아파트 투자는 대단지에 무조건 전철역에서 가까운 것이 최고라는 점을 알게 되었다. 교육환경이나 상권 다 필요 없다. 전철역에서 걸어서 1분 안에 대단지 아파트가 위치한다면 그게 최고다. 참고로 이는 강남에 위치하는 아파트를 말하는 것이 아니라 서울에 일반적으로 존재하는 아파트 투자에 대해서 말하는 것이다.

    단 이런 조건을 가진 아파트가 존재하지만 투자금이 지나치게 많이 필요하다면, 두 번째로 고려할 투자 대상은 전철역에서 가·

깝지만 최근 몇 년 동안 가격이 상승하지 않았던 저평가된 아파트이다. 세대수가 많지 않아도 된다. 이런 아파트가 보물이 될 확률은 매우 크다.

이 두 가지 핵심 쟁점만 기억하며 서울 아파트에 투자한다면 절대 실패할 일이 없을 것이라 확신한다.

65

수도권 아파트 실전 투자 예시

나는 수년 동안 수도권에 위치한 많은 아파트에 투자했다. 구입할 당시에는 매매가와 전세가가 오르기도 했지만, 2년여 전부터 엄청난 역전세를 맞으면서 기절할 정도로 많은 피해가 있었던 것도 사실이다. 실패도 이런 실패가 없다. 물론 지금은 나만의 역전세 해결방안을 가지고 대처하고 있지만 나의 투자 인생에서 가장 아픈 2년이었으며, 그 상처는 아직도 다 아물지 않았다.

나의 이런 경험을 바탕으로 당신에게 수도권에 어떻게 투자를 하면 좋을지 몇 가지 예를 들어 알려드리고자 한다. 단순히 이론이 아닌, 실제 내가 경험한 내용들이므로 더 큰 도움이 될 것이다.

　다음에 나올 내용은 내가 투자하고 있는 어느 한 지역의 3개 아파트이다. 구체적인 아파트 명은 밝히지 않는다. 이름을 밝히면 그 지역에 투자한 분들에게 막대한 피해가 예상되기 때문이다.

〈그림 1〉

면적별 시세 　　　　　　　　　　　　　　　　　　　　　　시세 기준일 ｜ 2019.02.25

면적(m²)	매매가(만원)			전세가(만원)		
공급/전용	하한가	상한가	전주 대비 변동액	하한가	상한가	전주 대비 변동액
96/73.79	36,800	**40,000**	－	29,000	**33,000**	－
96/73.79	38,000	**41,000**	－	28,000	**33,000**	－
109/84.96	40,000	**47,500**	－	30,500	**35,000**	－
109/84.96	39,000	**46,000**	－	31,000	**34,000**	－

본 시세는 실거래 가격, 방매 사례 및 시세 도움 중개업소 의견가격 등을 종합 참작하여 **한국감정원에서 제공하는 시세 범위**이며,
개별적인 감정평가액이나 특정 실거래가격 및 민간 업체 시세와는 다소 차이가 날 수 있습니다.
시세 도움 중개업소 : **대우공인중개사사무소 031-204-4300**
한국감정원 **부동산테크(www.rtech.or.kr)**에서 전국 아파트 시세를 조회할 수 있습니다

시세변동 추이

월별 시세

기준일	109/84.96㎡ 매매가(만원)			109/84.96㎡ 전세가(만원)		
	하한가	상한가	평균변동액	하한가	상한가	평균변동액
2019.02.25	40,000	47,500	–	30,500	35,000	↓ 500
2019.01.28	40,000	47,500	–	31,000	35,500	–
2018.12.31	40,000	47,500	↑ 1,250	31,000	35,500	↓ 250
2018.11.26	40,000	45,000	↑ 750	31,000	36,000	–
2018.10.29	39,500	44,000	↑ 2,000	31,000	36,000	↑ 250
2018.09.17	36,500	43,000	–	31,000	35,500	↓ 250
2018.08.27	36,500	43,000	↓ 150	31,000	36,000	–
2018.07.30	36,500	43,300	↑ 150	31,000	36,000	–
2018.06.25	36,200	43,300	↓ 250	31,000	36,000	–
2018.05.28	37,000	43,000	–	31,000	36,000	–
2018.04.30	37,000	43,000	–	31,000	36,000	–
2018.03.26	37,000	43,000	–	31,000	36,000	–

〈그림 1〉의 아파트는 특징이 있다. 우선 전철역에서 아주 가깝다. 서울의 문래자이처럼 전철역에서 매우 가깝고 세대수도 많다. 주변에 학원이나 편의시설들도 다양해 이 지역에서는 최고의 아파트라 여겨지는 대장주와 같은 곳이다.

2017년 하순부터 불어 닥친 부동산 시장의 침체에도 이 아파트의 매매가는 조정 없이 계속 오르는 모습을 보였다. 게다가 그래프에서 보다시피 수년 동안 매매가는 끊임없이 올라가는 모습을 보여 왔다. 전세가도 마찬가지다. 역전세니 뭐니 말들이 많은 상황에서도 별 하락 없이 안정된 모습이었다.

이 아파트는 수도권 아파트 치고는 매매가와 전세가의 차이가 커서 갭투자를 하기에는 쉽지 않았다. 그런 이유로 갭투자자들에게는 거의 관심을 받지 못했다. 나는 3년 전부터 이 아파트를 사고 싶은 마음이 강했지만 매매가와 전세가의 차이가 커서 실제로 내가 가진 이 아파트는 몇 채 안 된다.

<그림 2>

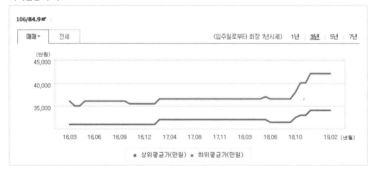

면적별 시세
시세 기준일 | 2019.02.25

면적(㎡)	매매가(만원)			전세가(만원)		
공급/전용	하한가	상한가	전주 대비 변동액	하한가	상한가	전주 대비 변동액
106/84.9	34,000	**42,000**	–	28,500	**32,000**	–

본 시세는 실거래 가격, 방매 사례 및 시세 도움 중개업소 의견가격 등을 종합 참작하여 **한국감정원에서 제공하는 시세 범위**이며, 개별적인 감정평가액이나 특정 실거래가격 및 민간 업체 시세와는 다소 차이가 날 수 있습니다.
시세 도움 중개업소 : **영통공인중개사무소 031-203-7000**
한국감정원 **부동산테크(www.rtech.or.kr)**에서 전국 아파트 시세를 조회할 수 있습니다.

시세변동 추이

월별 시세

기준일	106/84.9㎡ 매매가(만원)			106/84.9㎡ 전세가(만원)		
	하한가	상한가	평균변동액	하한가	상한가	평균변동액
2019.02.25	34,000	42,000	–	28,500	32,000	–
2019.01.28	34,000	42,000	–	28,500	32,000	–
2018.12.31	34,000	42,000	↑ 1,500	28,500	32,000	–
2018.11.26	33,000	40,000	–	28,500	32,000	–
2018.10.29	33,000	40,000	↑ 2,500	28,500	32,000	–
2018.09.17	31,500	36,500	–	28,500	32,000	–
2018.08.27	31,500	36,500	–	28,500	32,000	–
2018.07.30	31,500	36,500	–	28,500	32,000	–
2018.06.25	31,500	36,500	↓ 500	28,500	32,000	↓ 1,000
2018.05.28	32,000	37,000	↑ 250	29,000	33,500	–
2018.04.30	32,000	36,500	–	29,000	33,500	–
2018.03.26	32,000	36,500	–	29,000	33,500	–

〈그림 2〉의 아파트는 앞서 예로 든 〈그림 1〉의 아파트 단지에서 그리 멀지 않은 곳에 위치한다. 전철역과는 걸어서 5분 정도 걸리고 살기에 적합한 환경을 가진 아파트 단지이다. 세대수도 1000세대가 넘는다.

내가 이 아파트에 관심을 가지게 된 이유는 두 가지다.

첫째, 이 아파트는 투자금액이 별로 들지 않는다. 〈그림 1〉의 아파트는 워낙 유명하지만 투자금액이 많이 들기 때문에 투자가 쉽지 않은 면이 있지만, 이 아파트는 그림에서 보는 바와 같이 매매가와 전세가의 차이가 크지 않다. 내가 관심을 가진 첫 번째 이유였다.

둘째, 이 아파트는 2018년 10월 이전까지 수년 동안 매매가

변동이 거의 없었다. 어떻게 아파트가 이렇게 오랜 시간 변동이 없을 수 있는지 의아할 정도였다. 하지만 나는 오히려 그 점에 매력을 느꼈다. 결국은 저평가되어 있을 확률이 크다는 반증이 아니겠는가? 특히 서울 아파트 투자에서 이런 비슷한 사례를 보고 배웠던 바가 있었기 때문에 이 아파트가 더욱 매력적으로 다가왔다.

결과적으로 이 아파트는 2018년 10월부터 2019년 2월까지 5개월 동안 6천만 원이 오르는 기현상을 낳는다. 그동안 매매가 상승의 힘을 축적하고 있다가 이 기간에 폭발한 것이다. 그것도 부동산 시장이 극히 좋지 않은 시점인데 말이다.

2018년 3월에 매매가와 전세가의 차이 3천만 원으로 투자를 했다가 2019년 2월 현재 6천만 원이 오른 상태이니 투자 수익률로 따진다면 2배 남는 장사이다. 더 좋은 아파트이자 대장주 격으로 꼽히는 〈그림 1〉의 아파트보다 수익률 면에서는 오히려 앞선다.

또한 이 아파트의 경우 현재 전세가가 약간 떨어졌다 해도 매매가가 많이 올랐기 때문에 이 정도의 역전세가 발생해도 내가 발견한 역전세 해결 방안을 통해 어려움을 해결할 수 있다.

만약 내가 서울 아파트에 투자하면서 비슷한 경험을 하지 못한 상태였다면, 아마도 나는 이 아파트에 투자하지 않았을 것이다. 경험이 주는 선물과도 같은 투자 성공 사례가 아닌가 한다.

경험이 중요한 이유가 바로 이것이다. 아무리 책을 많이 읽고, 발품을 팔아도 실제 투자하지 않으면 '직감'이라는 것을 얻을 수 없다. 투자의 성패를 좌우하는 직감은 오로지 행동으로 옮기면서, 성공이든 실패든 실제로 경험하면서 얻게 되는 것이다.

〈그림 3〉

면적별 시세 시세 기준일 | 2019.02.2

면적(㎡)	매매가(만원)			전세가(만원)		
공급/전용	하한가	상한가	전주 대비 변동액	하한가	상한가	전주 대비 변동액
65/49.44	18,000	21,000	–	14,000	16,000	↓ 500
82/59.94	21,000	24,000	–	16,000	18,500	↓ 250

본 시세는 실거래 가격, 방매 사례 및 시세 도움 중개업소 의견가격 등을 종합 참작하여 **한국감정원에서 제공하는 시세 범위**이며, 개별적인 감정평가액이나 특정 실거래가격 및 민간 업체 시세와는 다소 차이가 날 수 있습니다.
시세 도움 중개업소 **벽산부동산플러스 공인중개사무소 031-203-4488**
한국감정원 **부동산테크(www.rtech.or.kr)**에서 전국 아파트 시세를 조회할 수 있습니다.

시세변동 추이

월별 시세

기준일	82/59.94㎡ 매매가(만원)			82/59.94㎡ 전세가(만원)		
	하한가	상한가	평균변동액	하한가	상한가	평균변동액
2019.02.25	21,000	24,000	–	16,000	18,500	↓ 750
2019.01.28	21,000	24,000	–	17,000	19,000	–
2018.12.31	21,000	24,000	–	17,000	19,000	↓ 1,000
2018.11.26	21,000	24,000	↓ 250	18,000	20,000	–
2018.10.29	21,000	24,500	–	18,000	20,000	–
2018.09.17	21,000	24,500	↓ 250	18,000	20,000	–
2018.08.27	21,000	25,000	–	18,000	20,000	↑ 250
2018.07.30	21,000	25,000	↑ 750	17,500	20,000	↑ 250
2018.06.25	20,500	24,000	–	17,000	20,000	–
2018.05.28	20,500	24,000	–	17,000	20,000	–
2018.04.30	20,500	24,000	–	17,000	20,000	–

〈그림 3〉의 아파트도 동일 지역에 존재하는 작은 평수의 아파트로 바로 옆에 전철역이 있고 2천 세대 이상의 대단지이다. 그런데 그래프를 통해 확인할 수 있듯, 이 아파트는 매매가가 부동산 시장의 변화에 상당히 민감하게 반응한다. 2017년 하반기 부동산 시장이 안 좋아지기 시작할 때부터 매매가가 급격히 떨어지는 모습을 보여준다. 앞에 예로 든 〈그림 1〉과 〈그림 2〉의 30평대 아파트는 매매가의 변동이 그리 민감하지 않았다. 물론 최근에는 변동이 있었지만, 그 전에는 매매가가 잠을 자고 있는 상태였다. 하지만 〈그림 3〉의 아파트는 매매가의 하락도 컸을 뿐더러, 그 하락에 이어 아직 상승 기미가 보이지 않고 있다. 게다가 전세가도 2017년 하반기 이후 급격한 추락을 보였다. 30

평대의 아파트보다 20평대인 이 소형아파트의 전세가 변동이 훨씬 크다는 점도 체크포인트다.

서울 아파트 투자와 달리 수도권 아파트는 전철역이 아무리 바로 옆에 있다고 해도, 또한 소형아파트라도 이렇게 매매가와 전세가가 민감하게 작용하고 오랜 시간 동안 그 하락을 반전하지 못하는 경우도 있다는 사실을 새삼 깨닫게 되었다. 오히려 수도권에서는 전철역 주변의 아파트라면 20평대 아파트보다 30평대 아파트가 훨씬 더 내성이 강하다는 사실을 알 수 있다.

예전 지방에 투자했을 때만 해도 20평대 아파트는 부동산 침체기에 아주 강한 힘을 가졌고, 30평대 아파트는 맥없이 무너졌다. 그래서 지방에 투자할 때는 무조건 20평대 아파트만 구입했었다.

그런데 지방과 수도권은 정반대여서 나도 많이 놀랐다. 전철역 바로 옆에 위치한 20평대 아파트가 이렇게 힘이 없는 이유는 무엇일까? 아마도 이 아파트 단지에 갭투자자들이 상당히 많이 투자했던 것으로 보인다. 그들이 더는 못 버티고 매물을 내놓으면서 매매가의 힘이 떨어진 것으로 보인다. 또한 갭투자자들이 많았으니 전세 공급도 많았을 것이다. 나도 이 아파트에 투자한 투자자로서 갑작스러운 전세가 하락에 얼마나 고통스러웠는지 모른다.

수도권에 위치한 20평대의 저렴한 아파트에 전세로 들어오는 세입자들은 고소득자가 아니다. 그러니 여기에 전세로 이사 오는 사람들은 당연히 전세자금대출의 규제를 받는 사람들이 아니다. 그런데도 이렇게 전세가가 떨어졌다는 것은 갭투자자들이 이 아파트에 엄청나게 투자한 후 모두 전세로 내놓았기 때문일 것이다.

하지만 시간이 지나면서 시장에 나와 있는 매매물건들이 어느 정도 소진이 된다면 이 아파트는 투자하기에 아주 좋은 조건을 가진 물건으로 바뀔 수 있다.

수년 동안 매매나 전세가격이 오르지 못했다는 것은 이후에 그만큼 오를 확률이 크다는 반증이다. 어쩌면 바로 이런 아파트가 보물이지 않을까 한다. 조금만 기다렸다가 전세매물이 대부분 소진되고 나면 눈여겨봤다가 바로 구입하자.

66

수도권 아파트 투자 결론

　앞서 언급한 3가지 수도권 아파트 실제 투자 사례를 보면서 당신은 무엇을 느꼈는가? 투자자가 책을 통해 자신의 실제 사례를 공개하기란 결코 쉬운 일이 아니다. 이렇게 투자 경험을 공개하면 분명히 이를 추종해서 똑같은 지역에 투자하려는 사람이 기하급수적으로 늘어나 부동산 시장에 왜곡을 낳을 확률이 크다. 나의 전작으로 인해 우리나라에서 갭투자자가 폭발적으로 증가하지 않았나.

　게다가 이렇게 실제 사례를 공개하면 좋은 의미로 받아들이는 분들도 계시지만 오히려 무슨 의도가 있다느니, 절대 올바른 지역이 아니라느니, 박정수를 믿지 말라느니, 갭투자 투기꾼 박정수가 말한 지역은 결국 자기 아파트 팔아먹으려고 그렇게 써 놓은 것이라느니 등 온갖 악플들이 쏟아진다는 사실을 나도 잘 알고 있다.

하지만 나는 이런 악플에 별 신경을 쓰지 않는다. 그 사람들은 그렇게 살면 된다. 매일 다른 사람들을 비난하고 또 비난하면서 말이다. 선의조차도 악의로 받아들이는 데는 약이 없다.

다만 내가 투자 사례를 밝히는 이유는, 아파트 투자가 결코 어려운 것이 아니고 아주 쉽다는 사실을 강조하고자 함이 첫 번째이고, 두 번째는 이렇게 알게 된 좋은 정보가 있다면 부디 행동으로 옮기라고 조언하고 싶기 때문이다.

내가 투자 방법을 논할 수 있는 원동력은 그동안 숱한 경험을 했기 때문이고, 그 경험이라는 선생을 통해 산전수전을 어떻게 치를 것인지 깨달았기 때문이다. 좋은 방법은 나만의 그 잦은 전투를 통해 얻은 산물이다.

경험 없는 사람들은 "이론상으로 그렇다"는 말밖에 할 수 없다. 그 이론은 실상 현실에 적용하기가 어렵다. 수학 공식만 알아서는 그 수많은 응용문제를 풀 수 없는 이치와 같다.

하지만 나는 묻고 싶다. 나의 책 내용이 어려운가? 현실에 적용하기에는 너무 복잡하고 힘든 부분이 있는가? 결코 그렇지는 않을 것이다. 내 자신이 어렵지 않은 방식으로 투자하고 있으며, 그동안 내가 만난 수십 명의 부자들도 같은 방식으로 투자하고 있다. 간단한 방식에 직감이라는 경험의 옷을 입혔을 뿐이다. 그러면 되는 것이다. 이제부터는 당신 자신을 믿고 투자하면 된다.

아파트 투자는 절대 어렵지 않고, 오히려 아주 쉽다. 대신 당신의 결단과 행동만이 필요할 뿐이다.